MDK Bayern

Der medizinische Behandlungsfehler

Rechtssicherheit zwischen Patientenschutz und Arzthaftung

Ein Ratgeber für Ärzte, Juristen, Gutachter und Patienten

MDK Bayern

Der medizinische Behandlungsfehler

Rechtssicherheit zwischen Patientenschutz und Arzthaftung

Ein Ratgeber für Ärzte, Juristen, Gutachter und Patienten

2., überarbeitete Auflage

ecomed MEDIZIN

MDK Bayern
Putzbrunner Straße 73
81739 München

Um das Lesen zu erleichtern, haben wir entschieden, in dem Buch üblicherweise die männliche Form (der Pflegeberater, der Patient, der Rechtsanwalt usw.) zu verwenden – alle Leserinnen sind selbstverständlich gleichermaßen angesprochen.

Bibliografische Informationen der Deutschen Nationalbibliothek
Die Deutsche Nationalbibliothek verzeichnet diese Publikation in der Deutschen Nationalbibliografie; detaillierte bibliografische Daten sind im Internet über <http://www.dnb.de> abrufbar.

Bei der Herstellung des Werkes haben wir uns zukunftsbewusst für umweltverträgliche und wiederverwertbare Materialien entschieden.

ISBN 978-3-609-16516-5

E-Mail: kundenservice@ecomed-storck.de
Telefon: 089/2183-7922
Telefax: 089/2183-7620

2. Auflage 2019

www.ecomed-storck.de

Projektmanagement: Dr. med. Aleksandra Herold
Druck: CPI books GmbH, Leck

Inhaltsverzeichnis

Verzeichnis der Autoren

Dr. jur. Annika Eichhorn
BMW BKK
Dostlerstraße 3
80809 München

Dr. med. Klaus Engert
Specialist in Surgery
Julius Berger Medical Services Ltd.
Chief Medical Director
No. 10 Shettima A. Munguno Crescent, Utako
Abuja, Federal Capital Territory

Prof. Dr. jur. Dieter Hart (i. R.)
Institut für Informations-, Gesundheits- und Medizinrecht
Fachbereich Rechtswissenschaft
Universität Bremen
Universitätsallee, GW1
28359 Bremen

Holger Freese
Leiter Ressort Revision/Recht/Sicherheit
Datenschutzbeauftragter
MDK Bayern
Hauptverwaltung
Haidenauplatz 1
81667 München

Dr. med. Werner Hofmann
Ärztlicher Gutachter Medizinrecht
Würzburger Landstraße 7
91522 Ansbach

Walter Kappler
Rechtsanwalt ab 2007
vorher Hauptabteilungsleiter Heilwesen bei der Versicherungskammer Bayern
Widenmayerstraße 1
80538 München

Ewald Kraus
Ehrenvorsitzender der
Notgemeinschaft Medizingeschädigter -Patient im Mittelpunkt- e. V. (NGM)
im Jahr 2017 umbenannt in
Selbsthilfegemeinschaft Medizingeschädigter -Patient im Mittelpunkt- e. V. (SGM)
Rosenstraße 8
97276 Margetshöchheim

Edda Orlitsch
Justiziarin
Abteilung Heilwesen-Großschaden/
Risk- u. Reha Management
Versicherungskammer Bayern
Maximilianstr. 53
80530 München

Dominik Schirmer
Bereichsleiter
AOK Bayern - Die Gesundheitskasse
Bereich Verbraucherschutz
Carl-Wery-Straße 28
81739 München

Dr. med. Christian Schlesiger
Abteilungsleiter
Gutachterstelle für Arzthaftungsfragen bei der Bayerischen Landesärztekammer
Mühlbaurstraße 16
81677 München

Dr. med. Ingeborg Singer
Leiterin Fachbereich Medizinrecht
MDK Bayern
BBZ Nürnberg
Waltherstraße 2
90429 Nürnberg

Dr. jur. Roland Uphoff, M. mel.
Rechtsanwalt
Fachanwalt für Medizinrecht
Kanzlei für Geburtsschadensrecht und Arzthaftung
Heinrich-von-Kleist-Straße 4
53113 Bonn

Dr. jur. Maximilian Warntjen
Rechtsanwalt
Fachanwalt für Medizinrecht
Fachanwalt für Strafrecht
D+B Rechtsanwälte Partnerschaft mbB
Kurfürstendamm 195
10707 Berlin

Einleitung zur 1. Auflage

Im Jahr des Patientenrechtegesetzes 2013 hat das Thema Behandlungsfehler neue Aktualität erhalten. Erstmals kann man gezielt im BGB nachsehen, wie das deutsche Arzthaftungsrecht geregelt ist. Wird das genügen, um Betroffenen Sicherheit im Umgang mit vermuteten Behandlungsfehlern zu geben?

Die Initiatoren des vorliegenden Buches sind der Ansicht, dass die Kodifizierung des Behandlungs- und Arzthaftungsrechtes im Bürgerlichen Gesetzbuch ein Schritt in die richtige Richtung ist; dennoch reichen die Informationen, die man dort erhält, nicht aus, um alleine mit der Ausnahmesituation Behandlungsfehlerverdacht zurechtzukommen. Aus diesem Grunde wurden Experten verschiedenster Ausrichtung gebeten, aus ihrer Sicht die wesentlichen Aspekte zum Thema Behandlungsfehler zusammenzustellen. Dabei ist jeder Autor für seinen Text allein verantwortlich.

Das vorliegende Mehrautorenbuch versteht sich als praktischer Leitfaden für mit möglichen Behandlungsfehlern befasste Patienten, Ärzte, Gutachter und Juristen. Es unterrichtet über die wichtigsten Rechtsvorschriften und Wege zum Recht im Falle eines vermuteten Behandlungsfehlers, über Möglichkeiten und Grenzen der Begutachtung wie auch über das korrekte Verhalten der Ärzte im Zusammenhang mit vermuteten Behandlungsfehlern. Schließlich gibt es einen Ausblick auf die sinnvolle Konsequenz, die durch die Begutachtung gewonnenen Daten für gelebtes Risikomanagement zu nutzen.

Die positive Begutachtung vorgeworfener ärztlicher oder pflegerischer Behandlungsfehler galt in der Medizin über Jahrzehnte als unehrenhaft. Vielfach missdeutete man Fehler aufdeckende Gutachten als Nestbeschmutzung, statt in ihnen Wegbereiter für eine offene Sicherheitskultur zu sehen.

Heute hat die Öffentlichkeit – und allen voran auch die betroffene Berufsgruppe der Ärzte – begriffen, wie wichtig es für die Zukunft des Gesundheitswesens ist, die aktuellen Fehler und Komplikationen zu analysieren.

Genauso wenig wie auf das Suchen der Black Box nach einem Flugzeugabsturz verzichtet werden kann, dürfen die Mediziner problematische Verläufe und daraus resultierende Schäden abwiegeln.

Das alte erzieherische Motto des Lernens aus Fehlern hat endlich Einzug gehalten in die Geisteshaltung der medizinischen Fachkreise. Hierdurch sind sowohl Akzeptanz wie Inanspruchnahme der noch immer zu wenigen Spezialisten auf dem Gebiet der Behandlungsfehlerbegutachtung deutlich gestiegen.

Seit 1988 besteht bereits die gesetzliche Möglichkeit der Krankenkassen, Versicherte bei der Verfolgung von Behandlungsfehlern zu unterstützen. Das Patientenrechtegesetz macht diese Unterstützung zu einer gesetzlichen Pflicht. Zum Glück gibt es längst spezialisierte Begutachtungsteams in den verschiedenen Medizinischen Diensten der Krankenkassen, die Patienten in die Lage versetzen, dem hohen Anspruch ihrer Beweislast im Gerichtsverfahren nachzukommen, und die täglich dazu beitragen, rückwirkend mehr Transparenz in verbesserungsfähige Prozessabläufe der Krankenbehandlung zu bringen.

Gleichzeitig ist der Leitfaden auch eine Orientierungshilfe für alle ärztlichen Kollegen, die heute besser denn je den haftungsrechtlichen Rahmen ihrer Tätigkeit kennen sollten, um vor allem durch gesetzeskonforme Aufklärung und Information Rechtssicherheit für sich und ihre Patienten und Patientinnen zu schaffen.

Und nicht zuletzt haben auch negative Erfahrungen mit Gutachtern zu diesem Buch bewogen, denn es reicht definitiv nicht aus, ein guter Arzt zu sein, um als Gutachter auch wertvolle und hilfreiche Behandlungsfehlergutachten verfassen zu können. Eine profunde Kenntnis des Arzthaftungsrechtes ist hierfür unabdingbare Voraussetzung.

Der MDK Bayern als Herausgeber dieses Buches hat seine gesamten Erfahrungen und Kontakte der letzten Jahre im Zusammenhang mit Behandlungsfehlerbegutachtung eingebracht, um damit einen Beitrag zur Stärkung des sachlichen Dialogs auf Augenhöhe zwischen Patienten, Ärzten, Gutachtern und Juristen zu leisten.

Dr. med. Ingeborg Singer

Leiterin Fachbereich Medizinrecht, MDK Bayern

Einleitung zur 2. Auflage

Fünf Jahre nach der ersten Auflage dieses Ratgebers für Ärzte, Patienten und Juristen zum Umgang mit vermuteten medizinischen Behandlungsfehlern haben wir eine Überarbeitung angestoßen. Wir danken jedem einzelnen Autor für seine Bereitschaft, den eigenen Text zu aktualisieren und legen heute eine durchaus gelungene Neuauflage vor, die wieder dem Prinzip folgt, dass jeder Verfasser für den Inhalt seines Kapitels selbst verantwortlich ist.

Hier und da wird der kundige Leser erkennen, dass Erfahrungen aus der mittlerweile fünfjährigen Anwendung des Patientenrechtegesetzes in die Überarbeitung eingeflossen sind, an anderer Stelle wurden Zahlen aktualisiert, erweiterte Serviceleistungen beschrieben oder Empfehlungen ergänzt, teilweise haben sich auch die Autorenschaften leicht verändert. Neue Kapitel hielten wir nicht für erforderlich, jedoch haben wir erneut das Patientenrechtegesetz vollständig mit aufgenommen, weil wir es in diesem Nachschlagewerk –trotz Internetverfügbarkeit des BGB- für unverzichtbar halten.

Das Thema „medizinischer Behandlungsfehler“ hat in den vergangenen fünf Jahren nicht an Aktualität verloren, wie zahlreiche Beiträge in Druck, Funk, Fernsehen und Internet immer wieder belegen. Vielleicht wird der Nachrichtenkonsument inzwischen sogar verwirrt von der Fülle der Beiträge, welche oft genug aus der Sicht Betroffener nicht ganz objektiv geschildert werden oder gar einem skandalisierenden Impuls folgen. Die Enttabuisierung und Analyse ärztlichen und pflegerischen Fehlverhaltens bleibt ein richtiger Schritt auf dem Weg zu mehr Patientensicherheit, sie muss jedoch unbedingt geschützt werden vor diskriminierenden Entwicklungen.

Umso wichtiger scheint es uns, mit objektiven Statements und Empfehlungen aus der täglichen Praxis an das wichtige Thema heranzugehen. Wir haben erneut versucht, alle Perspektiven der möglicherweise an einem Arzthaftungsprozess Beteiligten auszuloten und praktische Tipps zu erteilen.

Damit wollen wir vor allem den Weg für einen angstfreien Umgang mit einem realen und sehr sensiblen Phänomen ebnen, dem jeder von uns eines Tages begegnen kann.

Dr. med. Ingeborg Singer

Leiterin Fachbereich Medizinrecht, MDK Bayern

1 Verdacht auf Behandlungsfehler – welches Vorgehen?

KLAUS ENGERT

1.1 Wege zum Recht – welches Vorgehen im Falle eines vermuteten Behandlungsfehlers? – Allgemeines

Immer häufiger vermuten Patienten und Patientinnen, dass im Rahmen einer Behandlung durch die entsprechenden Ärzte fehlerhaft vorgegangen wurde. Nun ist jede medizinische Maßnahme prinzipiell mit einer Reihe von Gefahren verknüpft, die auch bei peinlicher Beachtung der entsprechenden Regeln und Sicherheitsmaßnahmen nicht völlig vermieden werden können. Bei jeder medizinischen Maßnahme können mehr oder weniger schwerwiegende Komplikationen auftreten, sodass grundsätzlich ein ungünstiger Ausgang einer Behandlung nicht von vornherein den Vorwurf einer fehlerhaften Handlungsweise des entsprechenden Arztes begründet.

Trotzdem sollte einem Verdacht auf medizinisch fehlerhaftes Handeln nachgegangen und eine Klärung herbeigeführt werden, die im Grunde für alle Betroffenen sinnvoll und zu empfehlen ist.

Der Patient/die Patientin erhält bei Nachweis eines Fehlers unter Umständen eine Kompensation für den entstandenen Schaden.

Aber auch für den betroffenen Mediziner ist eine sachverständige Überprüfung sinnvoll, weil dadurch unter Umständen ungerechtfertigte Vorwürfe ausgeräumt werden können. Damit kann einerseits verhindert werden, dass sozusagen auf der Ebene des Gerüchts die Vorwürfe weiter im Raume stehen bleiben, und andererseits kann das gestörte Vertrauensverhältnis zwischen Arzt und Patient wiederhergestellt werden.

Prinzipiell gibt es immer mehrere Möglichkeiten, bei derartigen Vorwürfen eine Klärung herbeizuführen:

- Es gibt die Möglichkeit der Überprüfung durch die gesetzliche Krankenkasse des Patienten, die nach dem Sozialgesetzbuch (§ 66, SGB V) bzw. dem neuen Patientenrechtegesetz ihre Versicherten bei derartigen Klärungen unterstützen muss und darüber hinaus in vielen Fällen auch ein Eigeninteresse hat, unter Umständen durch Behandlungsfehler entstandene unnötige Kosten einzufordern.
- Es gibt die Möglichkeit, an die Schlichtungs- oder Gutachterstellen der Landesärztekammern heranzutreten.
- Es kann eine direkte gerichtliche Klärung angestrengt werden, sei es auf dem Wege der zivilrechtlichen oder der strafrechtlichen Klageerhebung.
- Es gibt außerdem noch eine Institution, die Unabhängige Patientenberatung (UPD), die (seit dem Jahr 2007 als Modellversuch, seit 2011 im Regelbetrieb) kostenlose Beratung zu verschiedensten Fragen, unter anderem auch zu Rechtsfragen, nicht nur für Kassen-, sondern auch für Privatpatienten anbietet.

In der Folge sollen diese verschiedenen Möglichkeiten kurz dargestellt und abschließend eine Empfehlung gegeben werden.

1.2 Die strafrechtliche Klärung

Immer wieder kommt es vor – vor allem in den Fällen, in denen ein tödlicher Ausgang einer Behandlung eingetreten ist –, dass vom Betroffenen bzw. den Hinterbliebenen eine strafrechtliche Klage erhoben wird, beispielsweise wegen Körperverletzung oder fahrlässiger Körperverletzung.

Eine solche (strafrechtliche) Klageerhebung ist grundsätzlich bei Verdacht auf Vorliegen eines Behandlungsfehlers als erster Schritt nicht sinnvoll. Dies hat hauptsächlich zwei Gründe: Zum einen sind im Strafrecht erheblich höhere Hürden gesetzt, was die Beweisanforderungen betrifft. So gibt es, im Gegensatz zum Zivilrecht, nicht die Möglichkeit der Beweislastumkehr. Im Falle einer strafrechtlichen Klageerhebung muss immer der Kläger den Beweis führen, dass die Behandlung nicht regelgerecht war. Beim Strafrecht kommt allerdings noch hinzu, dass dem angeschuldigten Behandelnden zusätzlich ein Vorsatz oder zumindest eine mehr oder weniger ausgeprägte Fahrlässigkeit nachgewiesen werden muss.

Einen solchen Beweis zu führen, ist nur in ausgesprochen seltenen Fällen möglich, sodass naturgemäß derartige Klagen fast immer von vornherein zum Scheitern verurteilt sind. Zudem kann der negative Ausgang einer solchen Klage die Erfolgsaussichten einer dann im Nachgang geführten zivilrechtlichen Klage negativ beeinflussen.

1.3 Überprüfung des Vorwurfs durch die Krankenkasse respektive den Medizinischen Dienst der Krankenversicherung

Nach dem Sozialgesetzbuch sollen gesetzliche Krankenkassen ihre Versicherten bei der Prüfung von Behandlungsfehlervorwürfen unterstützen. Die Versicherten können also ihre Krankenkasse kontaktieren, dort von ihrer Vermutung berichten und dadurch die Kasse veranlassen, eine Klärung in die Wege zu leiten.

Dies geschieht dergestalt, dass zunächst die entsprechende Krankenkasse mit Hilfe einer Einwilligungserklärung des Versicherten die entsprechenden Behandlungsunterlagen der betroffenen Ärzte, Krankenhäuser, Rehabilitationseinrichtungen oder Pflegeheime, die mit der vermuteten fehlerhaften Behandlung in Zusammenhang stehen, anfordert und diese dann einem Gutachter des Medizinischen Dienstes der Krankenversicherung zur Beurteilung vorlegt. Der Gutachter prüft die Vollständigkeit der Unterlagen und erstellt dann auf der Basis der zur Verfügung gestellten Akten, Befunde und Untersuchungsdokumente (Röntgenbilder, Videos etc.) ein Gutachten, in dem zu dem entsprechenden Behandlungsfehlervorwurf Stellung genommen wird. Eine solche Prüfung gehört nach dem fünften Buch des Sozialgesetzbuches zu den gesetzlich niedergelegten Pflichtaufgaben des MDK (§ 275 (3) SGB V).

Das vom MDK-Gutachter gefertigte Gutachten kann über die Krankenkasse, als Auftraggeber des Gutachtens, dem Patienten zur Verfügung gestellt werden. Wird in einem solchen Gutachten ein Behandlungsfehlervorwurf bestätigt, treten in der Regel sowohl der Patient wie auch die Krankenkasse an die Haftpflichtversicherung des entsprechenden Behandelnden oder der behandelnden Institution heran und versuchen zunächst, eine außergerichtliche Klärung der Ansprüche zu erreichen.

Fast ohne Ausnahme werden derartige Ansprüche zunächst von den entsprechenden Haftpflichtversicherungen zurückgewiesen, meist mit einer entweder vom vermuteten Schädiger selbst oder einem Beratungsarzt der Versicherung verfassten Entgegnung. Hier besteht dann die Möglichkeit, dem Gutachter des Medizinischen Diensts der Krankenversicherung die Akte mit dieser Entgegnung noch einmal durch die Krankenkasse vorlegen zu lassen, um eine erneute Überprüfung vorzunehmen und gegebenenfalls eine inhaltliche Erwiderung zu verfassen.

In den Fällen, in denen der vorgeworfene Fehler offensichtlich ist, kommt es dann meist an diesem Punkt zu einer außergerichtlichen Einigung.

Beharren die Haftpflichtversicherung bzw. der Behandler jedoch auf dem Standpunkt, dass ein Behandlungsfehler nicht vorläge, so bleiben als nächste Schritte zum einen der Versuch der Klärung vor der Schlichtungs-/Gutachterstelle der Landesärztekammer, und zum anderen die gerichtliche Klage.

In dem Falle, in dem der Gutachter des Medizinischen Diensts der Krankenversicherung nach Studium der Unterlagen zu dem Schluss kommt, dass ein behandlungsfehlerhaftes Verhalten des Behandlers resp. der Behandlungsinstitution nicht vorliegt, bleibt es selbstverständlich dem Patienten/der Patientin unbenommen, trotzdem eine Klärung über den Weg der Schlichtungsstelle der Landesärztekammer oder auf dem Klageweg herbeizuführen.

Für die Betroffenen ist die Überprüfung durch den MDK kostenlos.

1.4 Das Schlichtungsstellenverfahren

Alle Landesärztekammern haben sogenannte Schlichtungs- bzw. Gutachterstellen (die Bezeichnung differiert je nach Landesärztekammer) zur Prüfung von Behandlungsfehlervorwürfen eingerichtet, die entsprechende Anträge seitens der Patienten entgegennehmen. Die Schlichtungsstelle selbst kümmert sich um die Beschaffung der notwendigen Unterlagen und wählt einen fachlich für den jeweiligen Fall geeigneten Gutachter aus ihrem Gutachterpool aus, der dann auf der Basis der vorgelegten Unterlagen zu dem Vorwurf Stellung nimmt. Die Schlichtungsstelle ist nicht an das Votum des Gutachtens gebunden. So kann sich die Gutachterkommission, die in regelmäßigen Abständen zusammenkommt und dann eine Wertung der entsprechenden Behandlungsfehlerfälle bzw. der veranlassten Gutachten vornimmt, über das Votum des Gutachters hinwegsetzen und z. B. trotz negativen Ausfalls des Gutachtens einen Behandlungsfehler bestätigen.

Für die Aufnahme eines Schlichtungsstellenverfahrens sind grundsätzlich die Zustimmung aller Parteien und die Zustimmung des Haftpflichtversicherers erforderlich. Bei Bestätigung eines Behandlungsfehlers durch die Schlichtungsstelle ist in der Regel eine außergerichtliche Einigung mit dem entsprechenden Versicherer bzw. der behandelnden Institution die Konsequenz.

Bestätigt die Schlichtungsstelle einen Behandlungsfehlervorwurf nicht, bleibt dem Patienten selbstverständlich die Möglichkeit des gerichtlichen Vorgehens offen – die Inanspruchnahme der Gutachterstelle schließt den Rechtsweg nicht aus.

Auch das Schlichtungsstellenverfahren ist für die Betroffenen kostenlos.

1.5 Das zivilrechtliche Verfahren

Im zivilrechtlichen Verfahren klagt der oder die Betroffene vor dem zuständigen Gericht Schadenersatz für die Folgen des inkriminierten Behandlungsfehlers ein. Die Krankenkasse ihrerseits hat die Möglichkeit, zivilrechtlich in einem gesonderten Verfahren die eventuell entstandenen Mehrkosten, die auf den Behandlungsfehler zurückzuführen sind, ebenfalls einzuklagen.

Das zivilrechtliche Verfahren bietet gegenüber dem strafrechtlichen Verfahren einige Erleichterungen für den Kläger.

Grundsätzlich wird ein Gerichtsgutachter beauftragt, der auf der Basis der Behandlungsunterlagen zu dem Behandlungsfehlervorwurf Stellung nimmt. Das meistens zu diesem Zeitpunkt bereits vorliegende Gutachten des Medizinischen Dienstes der Krankenversicherung kann zwar in die Gerichtsakte als Material aufgenommen werden, gilt jedoch als sogenanntes Parteigutachten, da es ja im Auftrag der klageführenden Partei angefertigt wurde. Das ist der Grund, warum zusätzlich vom Gericht ein neutraler Gerichtsgutachter eingeschaltet wird.

Allerdings sind vor Gericht laut höchstrichterlicher Rechtsprechung auch die sog. Parteigutachten gleichermaßen bei der Bewertung des Falles heranzuziehen und zu würdigen.

Im Rahmen des zivilrechtlichen Verfahrens gibt es insofern eine Erleichterung für den Kläger, als nach den Bestimmungen im Patientenrechtegesetz ein sogenannter „grober Behandlungsfehler" zur Beweislastumkehr führen kann. In diesem Fall muss dann nicht mehr der Kläger beweisen, dass der Fehler den Schaden bewirkt hat, sondern es muss umgekehrt der Beklagte beweisen, dass der festgestellte Fehler für diese Folgen nicht verantwortlich war.

Dies ist deshalb von Bedeutung, da im Einzelfall häufig nicht mit letzter Sicherheit gesagt werden kann, ob bestimmte Komplikationen oder Spätfolgen nicht auch bei korrekter Vorgehensweise des behandelnden Arztes eingetreten wären oder hätten eintreten können.

Das gerichtliche Verfahren ist kostenpflichtig, auch die Kosten für die zwingend erforderliche Inanspruchnahme eines Anwaltes sind zu berücksichtigen.

1.6 Unabhängige Patientenberatung

Die UPD steht sowohl gesetzlich wie auch privat Versicherten für kostenlose Beratung zu verschiedensten Fragen, konkret auch bei vermuteten Behandlungsfehlern, zur Verfügung. Die UPD ist eine gemeinnützige GmbH mit Sitz in Berlin. Sie handelt im gesetzlichen Auftrag laut § 65b Sozialgesetzbuch (SGB V). Die Beratung kann online, telefonisch oder auch vor Ort in einer der insgesamt 30 Beratungsstellen erfolgen, zusätzlich gibt es ein sogenanntes Beratungsmobil (siehe die Website der UPD: https://www.patientenberatung.de). Für die Sprachen Türkisch und Russisch stehen Dolmetscher zur Verfügung.

Allerdings stellt das Angebot der UPD keine regelrechte Rechtsberatung im Einzelfall dar, sondern ein allgemeines Informationsangebot, so daß die Inanspruchnahme der oben geschilderten Möglichkeiten dadurch nicht überflüssig wird.

1.7 Abschließende Empfehlung

Gesetzlich Krankenversicherten steht, wenn sie einen Behandlungsfehler vermuten, eine Reihe von Möglichkeiten zur Klärung des Verdachtes zur Verfügung. Zu empfehlen ist, zunächst über die Krankenkasse und den Medizinischen Dienst der Krankenversicherung eine (kostenlose) gutachterliche Klärung in die Wege zu leiten.

Als niedrigschwelliger erster Schritt wäre, insbesondere für Privatversicherte, auch die Kontaktierung der Unabhängigen Patientenberatung zu erwägen.

Wird vom Medizinischen Dienst der Krankenversicherung das Vorliegen eines Behandlungsfehlers bejaht, dann wäre zunächst der Versuch zu unternehmen, mit der entsprechenden Versicherung respektive der behandelnden Institution eine gütliche außergerichtliche Regelung zu erreichen. Gerade für PatientInnen, die über keine Rechtsschutzversicherung verfügen, ist eine außergerichtliche Einigung die bessere Lösung.

Sollte dieser Weg nicht zu einem akzeptablen Ergebnis führen, dann bleibt alternativ der Gang vor die Schlichtungsstelle der Ärztekammer oder das zivilrechtliche Vorgehen.

Für den Versuch einer Klärung durch die Schlichtungsstelle ist allerdings die Einwilligung aller Seiten erforderlich.

Für das zivilrechtliche Vorgehen ist zu empfehlen, dass der Rechtsanwalt der Betroffenen im Vorfeld der Verhandlung und insbesondere vor Erlassen des sogenannten Beweisbeschlusses den Gutachter des MDK kontaktiert, um mit ihm zu besprechen, welche konkreten Fragen an den Gerichtsgutachter gestellt werden sollten. Der Gerichtsgutachter ist nämlich gehalten, ausschließlich zu den im sogenannten Beweisbeschluss niedergelegten Fragen Stellung zu nehmen. Ohne die empfohlene Absprache besteht also die Gefahr, dass wesentliche Punkte dort nicht aufgeführt werden und somit der Gerichtsgutachter zu diesen nicht oder nicht ausreichend Stellung bezieht resp. beziehen darf.

In keinem Falle ist zu empfehlen, bei Verdacht auf einen Behandlungsfehler primär eine strafrechtliche Klärung herbeizuführen. Dies ist meist aussichtslos und unter Umständen im Hinblick auf eine eventuelle nachfolgende zivilrechtliche Klärung ausgesprochen ungünstig.

2 Rechtliche Grundlagen der Begutachtung von Behandlungsfehlern durch den MDK

Holger Freese

2.1 Einleitung

Den Zielgruppen dieser Veröffentlichung entsprechend soll in diesem Kapitel zum einen dargestellt werden, auf welcher Rechtsgrundlage der Medizinische Dienst der Krankenversicherung (MDK) bei der Begutachtung von vermuteten Behandlungsfehlern tätig wird und welche rechtlichen Rahmenbedingungen er zu beachten hat. Dies betrifft vor allem die Rechtsverhältnisse zwischen dem MDK und den Beteiligten (Versicherte, Krankenkassen, Schädiger). Zum anderen soll den Sachbearbeitern und Gutachtern ein Überblick über die zivilrechtlichen Haftungsgrundlagen des Arzthaftungsrechts und seine ganz speziellen Rechtsprobleme, wie sie sich insbesondere in den letzten 23 Jahren herauskristallisiert haben, zugänglich gemacht werden.

Der genannte Zeitraum von 23 Jahren ist nicht zufällig deckungsgleich mit dem Bestehen des Pflegeversicherungsgesetzes (in Kraft getreten am 01.01.1995): Bei der Ersteinstufung zahlreicher langjähriger Pflegefälle in die Leistungen der Pflegeversicherung wurde nicht selten festgestellt, dass für die bestehende Pflegebedürftigkeit ein auslösendes Ereignis vorlag, das möglicherweise auf einen ärztlichen Behandlungsfehler zurückzuführen ist. Insbesondere bei Schadensereignissen im Bereich der Geburtshilfe waren von den Krankenkassen erhebliche Leistungen bei zum Teil schwerstbehinderten Kindern zu erbringen, was mit Blick auf die vom Solidarsystem zu tragenden Heilungs- und Ausgleichskosten nicht ungeprüft bleiben konnte, zumal schon damals die Verpflichtung bestand, bei Ermittlung eines verantwortlichen Schädigers diesen in Regress zu nehmen.

In den vergangenen Jahren wurde zudem die Öffentlichkeit in wesentlich höherem Maße für die Behandlungsfehlerproblematik sensibilisiert. Dem trug die (allerdings wenig präzise) Regelung im Sozialgesetzbuch V Rechnung, dass die Krankenkassen die Versicherten bei der Verfolgung vermuteter Behandlungsfehler unterstützen können bzw. gemäß dem neuen Patientenrechtegesetz unterstützen „sollen". Hieraus ist mittlerweile eine Begutachtungsaufgabe des MDK entstanden, die zwar im Vergleich zu anderen Aufgabenbereichen wie Rechnungsprüfung in der stationären Versorgung oder Arbeitsunfähigkeitsprüfung geringere Auftragszahlen ergibt, dennoch höchste Anforderungen an die Kompetenz der Gutachter und einen entsprechenden Zeitaufwand für die Einzelbegutachtung mit sich bringt. So wie die Sozialmedizin vom Gutachter des MDK eine medizinische Begutachtung im Lichte der Regelungen des Sozialversicherungsrechtes und seines Leistungsumfanges verlangt, ohne dass er die eigentliche Leistungsentscheidung trifft (treffen darf!), ist auch eine medizinische Beurteilung eines bestimmten ärztlichen Fehlverhaltens nicht möglich, ohne Grundkenntnisse darüber zu haben, was die rechtlichen Sorgfaltspflichten des Behandlers allgemein und im speziellen Falle sind.

2.2 Sozialversicherungsrechtliche Grundlagen

§ 66 SGB V regelt, dass die Krankenkassen „die Versicherten bei der Verfolgung von Schadensersatzansprüchen, „die bei der Inanspruchnahme von Versicherungsleistungen aus Behandlungsfehlern entstanden sind [...] unterstützen" sollen. In **§ 275 Abs. 3 Nr. 4 SGB V** ist dieser „Unterstützungsauftrag" weiter konkretisiert. Demnach können „die Krankenkassen in geeigneten Fällen durch den Medizinischen Dienst prüfen lassen, ob Versicherten bei der Inanspruchnahme von Versicherungsleistungen aus Behandlungsfehlern ein Schaden entstanden ist."

Für den MDK ergibt sich aus dieser Gesetzesformulierung eine ihn vor unverhältnismäßiger Inanspruchnahme schützende Verfahrensweise: Zum einen wird erkennbar, dass die Krankenkassen nur „geeignete Fälle", d. h. Fälle, in denen auch bei objektiver Betrachtungsweise ein Behandlungsfehlerverdacht besteht, zur Prüfung vorlegen sollen. Um die im Erstkontakt mit dem Versicherten stehenden Krankenkassensachbearbeiter vor Ort, aber auch die Regress-Sachbearbeiter bei der Auswahl geeigneter Fälle zu beraten, wurde hierfür eine spezialisierte Fallberatung durch Fachgutachter des MDK etabliert. So können von vornherein klar unbegründete Verdachtsfälle mit einer kurzen Stellungnahme zurückgewiesen werden, um die zur Verfügung stehenden Personalressourcen des MDK (und letztlich auch der Krankenkasse) zu entlasten und für tatsächlich verfolgenswerte Verdachtsfälle zu bündeln.

Zum anderen ist ganz klar formuliert, dass allein die Krankenkasse Auftraggeber eines solchen Behandlungsfehlergutachtens sein kann, was für den MDK von großer praktischer Bedeutung ist, da sich immer wieder Versicherte oder deren Rechtsanwälte unmittelbar mit entsprechenden Ansprüchen an den MDK wenden. Schon aus Gründen der Verfahrensökonomie werden derartige Anfragen an die zuständige Krankenkasse des Versicherten verwiesen.

Weiter wird der MDK als Gutachterdienst tätig, wenn die Krankenkassen den Schadensverursacher für bereits erbrachte Leistungen, die zur Wiederherstellung der Gesundheit des Betroffenen notwendig waren, in Regress nehmen (vgl. auch § 116 Abs. 1 SGB X).

2.3 Rechtscharakter des MDK-Gutachtens

Wie bei allen anderen Begutachtungsanlässen erstattet der MDK ein Behandlungsfehler-Gutachten ausschließlich gegenüber der nach § 275 Abs. 3 Nr. 4 SGB V auftraggebenden Krankenkasse; das Gutachten verbleibt damit im Innenverhältnis zwischen Krankenkasse und MDK. Es handelt sich hierbei um ein reines Verwaltungsgutachten. Verwendet der Versicherte dieses Gutachten in einem gerichtlichen Prozess, wird es zum Parteigutachten. Als solches gibt es die Sichtweise und Beurteilung des Sachverhaltes aus Patientensicht wieder (vgl. Abschnitt 2.5). Ein Gericht kann es in seiner Urteilsfindung verwerten, wird es aber nicht zur alleinigen Entscheidungsgrundlage machen können, sondern zur neutralen Prüfung ein gerichtliches Sachverständigengutachten nach Maßgabe des Zivilprozessrechtes erstellen lassen. Das MDK-Gutachten erfährt hierdurch keine Entwertung, da auch ein gerichtlicher Sachverständiger sich mit den bereits vorliegenden Parteigutachten auseinandersetzen muss. Der MDK-Gutachter hat zudem den Vorteil, nicht an ein gerichtlich vorgegebenes Beweisthema gebunden zu sein, sondern das Recht (und sogar die Pflicht), alle medizinischen Aspekte, auch solche, die möglicherweise überhaupt noch niemand erkannt hat, zu beleuchten.

Aus Erfahrung mit den „Erwartungshaltungen" vieler Versicherter sollte immer wieder klar betont werden, was das MDK-Gutachten liefern soll: eine erste Prüfung und Bewertung des streitigen Sachverhaltes, die sowohl dem betroffenen Versicherten, als auch der regressierenden Krankenkasse eine zuverlässige Argumentationsbasis für einen außergerichtlichen Interessenausgleich liefert und ggf. eine Einschätzung der Erfolgsaussichten weiterer Verfolgung vor Gericht gestattet.

2.4 Unterschiedliche Ziele der Rechtsverfolgung

Das Ziel eines zivilrechtlichen Schadensersatzanspruches des Versicherten ist unmittelbar nur auf solche Schäden gerichtet, die ihm außerhalb der ohnehin von den Krankenkassen geleisteten Heilungs- und sonstigen Ausgleichsleistungen durch die verbleibenden Beeinträchtigungen seiner Lebensführung entstehen. Hierzu zählten früher der klassische, aus dem Deliktsrecht abgeleitete „Schmerzensgeldanspruch" und Vermögensschäden in Geld, z. B. für persönlichen Mehrbedarf. Andere Schäden, wie zum Beispiel der Verlust von (abstrakten) Erwerbsaussichten in einem bestimmten Beruf, dessen Ausübung durch den erlittenen Schaden nicht mehr möglich ist, waren hingegen kaum durchzusetzen. Mit der Schuldrechtsreform von 2002 wurde der früher rein deliktische Ausgleichsanspruch auf vertragliche Haftungsansprüche ausgeweitet und ist jetzt für beide Anspruchsgrundlagen in § 253 Abs. 1 BGB als sogenannter immaterieller Schaden ersetzbar, woraus erkennbar wird, dass auch Schäden, die sich nicht unmittelbar in Geld abbilden lassen, kapitalisiert werden können. All diese Ansprüche setzen aber ebenfalls den Nachweis einer zurechenbaren Schadensverursachung voraus, sind also ebenfalls auf das Gutachten des MDK angewiesen.

Anders sind die Ausgleichsinteressen der Krankenkassen gelagert, die schon aus Gründen einer sorgfältigen Verwendung von Versichertengeldern verpflichtet sind, regressierbare Ansprüche durchzusetzen. Meist wird es sich bei schwerwiegenden Behandlungsfehlern nämlich finanziell um den weitaus größten Posten des Gesamtschadens handeln, denn Heilbehandlung und der Ausgleich möglicherweise verbleibender Dauerschäden verursachen oft über Jahrzehnte erhebliche Aufwendungen. Hier liefert das MDK-Gutachten eine wichtige Argumentationshilfe in den oft zähen außergerichtlichen Verhandlungen mit den Haftpflichtversicherern der Ärzte bzw. Krankenhäuser.

Eine Besonderheit im Rahmen der Regressvorschrift stellt **§ 116 Abs. 9 SGB X** dar, der den Krankenkassen das Recht einräumt, den Ausgleich insbesondere künftig entstehender Folgeschäden pauschaliert zu vereinbaren. Dies ist ein oft im Wege des außergerichtlichen Vergleiches gewähltes Instrument, um einen Schadensfall im Interesse beider Parteien ohne jahrelangen Rechtsstreit mit unklarem Prozessrisiko schnell zu erledigen und zu einem gerechten Interessenausgleich zu kommen. Eine besondere Aufgabe kommt hierbei dem Gutachten des MDK zu, denn es soll dem Regress-Sachbearbeiter über den eigentlichen Behandlungsfehler hinaus ein „Worst-Case-Szenario" aufzeigen, anhand dessen sich der zu erwartende Gesamtaufwand einigermaßen sicher abschätzen lässt, sodass entsprechende Haftungsquoten verhandelt werden können. Dies setzt natürlich hohe Erfahrung in der Bewertung potenzieller Verläufe voraus, ohne dass sich der Gutachter zu übertriebenen Darstellungen hinreißen lässt. Es soll bewusst der schlimmst-annehmbare Fall dargestellt werden, sodass jedenfalls unser Gutachter keine berufsethischen Bedenken gegenüber Patienten oder den schädigenden Kollegen zu haben braucht, denn es handelt sich um legitime Interessen der Solidargemeinschaft.

2.5 Maßgebliche Vorbereitung im Zuge der Unterlagenbeschaffung

Die Beschaffung vollständiger Unterlagen über den in Frage stehenden Behandlungsfall ist oft schwierig und beschäftigt dann schon in der Frühphase die Juristen, obwohl gerade bei Begutachtung im Patienteninteresse keine großen Hindernisse bestehen sollten. Der Patient hat gegenüber Arzt und Krankenhaus grundsätzlich auch außerhalb eines Rechtsstreits Anspruch auf Einsicht in die ihn betreffenden Krankenunterlagen, soweit sie Aufzeichnungen über objektive Befunde und Berichte über Behandlungsmaßnahmen enthalten. In der Regel sitzen Versicherte und Krankenkassen „in einem Boot" und die regelhaft ausgestellte Schweigepflicht-Entbindungserklärung entkräftet datenschutzrechtliche Bedenken gegen die Herausgabe der Unterlagen an die Ärzte des MDK.

Es ist vorgesehen, dass die Krankenkassen eine möglichst vollständige Aktenlage herstellen, was dem Grundsatz aus **§ 276 Abs. 1 SGB V** Rechnung trägt, dass dem MDK die für die Begutachtung erforderlichen Unterlagen vorgelegt werden. Wenn nach Eingangsprüfung des MDK noch weitere Unterlagen erforderlich sind, gibt **§ 276 Abs. 2 S. 1 SGB V** dem MDK das Recht, diese selbst beim Leistungserbringer (hier dem mutmaßlichen Schadensverursacher) anzufordern.

Für die Unterlagenanforderung muss kein konkreter Behandlungsfehlervorwurf feststehen. Dies ergibt sich bereits aus dem, was die Unterstützungsleistung der Krankenkassen sein soll – nämlich die Unterstützung bei Verdacht auf einen Behandlungsfehler. Genügend konkrete Anhaltspunkte für eine fehlerhafte Behandlung sind also mit Sicherheit ausreichend, zumal eben der Patientenwille und die damit verbundene Einwilligung datenschutzrechtliche Einschränkungen beseitigt.

2.6 Materielles Haftungsrecht im Bereich der Arzthaftung

Der Jurist kennt im Kanon zivilrechtlicher Anspruchsgrundlagen grundsätzlich zwei Möglichkeiten der Durchsetzung von Haftungsansprüchen, nämlich die Haftung aus dem jeweils zugrunde liegenden Vertrag und die deliktische Haftung aus § 823 Abs. 1 BGB, die sich aber hinsichtlich ihrer Anknüpfungspunkte spätestens seit der großen Schuldrechtsreform 2002 einander vor allem durch das jetzt einheitlich geltende Verjährungsrecht und die Einbeziehung des Schmerzensgeldes in beide Haftungsgründe weiter angenähert haben.

Mit der Einbeziehung des Schmerzensgeldes in die vertragliche Haftung hat der Gesetzgeber die Hoffnung verknüpft, dass die ihrer Rechtsnatur doch eher vertragliche Haftung des Arztes künftig nicht mehr mit Hilfe des Deliktsrechts abgewickelt werden muss.

Diesem Ansatz trägt in besonderer Weise das am 26. Februar 2013 in Kraft getretene Patientenrechtegesetz Rechnung, denn erstmals werden die Besonderheiten des Arzt-Patienten-Verhältnisses als eigenständiges Vertragsverhältnis – dem Behandlungsvertrag gemäß § 630a ff. – im Bürgerlichen Gesetzbuch geregelt. Hierin finden die in den vergangenen Jahrzehnten höchstrichterlich behandelten und hierbei weiterentwickelten Rechtsprobleme wie Aufklärungs- und Dokumentationspflichten, aber auch die Beweisfigur des „groben Behandlungsfehlers" Eingang und stärken die Rechte der Patienten erheblich. Gleichzeitig stellt die systematische Stellung der Vorschriften aber klar, dass es sich bei der ärztlichen Behandlung dem Wesen nach um einen Dienstvertrag handelt. Die einzelnen Vorschriften und ihr Regelungsinhalt werden nachfolgend im Abschnitt 2.11 noch ausführlicher behandelt.

Im Folgenden sollen die Haftungsvoraussetzungen des Arztes aber – da für einen laienhaften Leser leichter verständlich – an den Grundlagen des Deliktsrechts (§§ 823 ff. BGB) erläutert werden, denn diese lassen schon sprachlich erkennen, worauf es für die Haftung ankommt.

Daher hier zunächst der Wortlaut der zentralen Vorschrift **§ 823 Abs. 1 BGB**:

„Wer vorsätzlich oder fahrlässig das Leben, die Gesundheit, die Freiheit, das Eigentum oder ein sonstiges Recht eines anderen widerrechtlich verletzt, ist dem anderen zum Ersatze des daraus entstehenden Schadens verpflichtet."

Tathandlung, geschütztes Rechtsgut und die Rechtsfolgen einer Verletzung sind in der Formulierung einem strafrechtlichen Tatbestand (Delikt) ähnlich, wenngleich für letzteren andere Anknüpfungskriterien gelten und ein anderes Sanktionierungsziel (Strafe) gilt. Das Zivilrecht will nicht Bestrafung des Schädigers, sondern Nachteilsausgleich für den Geschädigten (= Gläubiger des Schadensersatzanspruchs) erreichen, wobei der Schadenseintritt dem Schädiger (= Schuldner des Schadensersatzanspruches) zurechenbar sein muss. Gerade im Deliktsrecht folgt der Jurist einer sich aus dem Wortlaut ergebenden Prüfungsreihenfolge, denn er subsumiert den Lebenssachverhalt unter die tatbestandlichen Voraussetzungen der Verletzungshandlung, deren Rechtswidrigkeit und schließlich die Verschuldensform und muss die Ursächlichkeit (Kausalität) zwischen Handlung, Schädigungserfolg und dauerhaftem Schaden herstellen.

2.7 Geschuldete Leistung eines Arztes

Anders als zum Beispiel bei der Arbeitsleistung eines Handwerksmeisters, der einen bestimmten Gegenstand nach vertraglichen Vorgaben herstellen soll und hierfür in einem Werkvertrag einen definierten Erfolg schuldet, kann dem Arzt nach der Natur der Dinge bei seiner Behandlung kein unbedingter Erfolg (Heilung) abverlangt werden. Dennoch hat auch der Arzt seine Behandlungsleistung nach gewissen Regeln zu erbringen. Der Arzt ist nämlich verpflichtet, den Patienten nach dem anerkannten und gesicherten Stand der medizinischen Wissenschaft zu behandeln. Der mit dem Patientenrechtegesetz neu geschaffene Behandlungsvertrag, § 630a BGB, normiert als vertragstypische Pflicht eine Behandlung nach bestehenden anerkannten fachlichen Standards. Als Behandlungsfehler ist demnach jeder Verstoß gegen die Regeln und Standards der ärztlichen Wissenschaft, und zwar zum Zeitpunkt der Behandlung, zu verstehen; es gilt der sogenannte Facharztstandard als definierter Begriff der Gruppensorgfaltspflicht. Der BGH hat den Behandlungsfehler als „das Absehen von einer medizinisch gebotenen Vorgehensweise" definiert (Urteil vom 06.05.2003, VI ZR 259/02, VersR 2003, 1128-1130). Schon ein leichter

Fehler genügt dann für die Haftung, wenn im Weiteren die Ursächlichkeit für den Schaden feststellbar ist.

An dem sehr plastischen Beispielsfall (an dem auch ein MDK-Facharzt als Gutachter beteiligt war) lassen sich weitere Anknüpfungspunkte der Arzthaftung gut darstellen.

Beispiel:

Entfernung eines Intra-Uterin-Pessars („Spirale") in der Sprechstunde mit Fasshäkchen misslingt. Bei dem anschließenden vaginalen Entfernungsversuch in Narkose, wiederum ohne Sichtunterstützung, wird die Gebärmutter unbemerkt verletzt, aber der Eingriff abgebrochen. Wegen fortdauernder Schmerzen sucht die Patientin eine andere Klinik auf, die die verletzte Gebärmutter ohne hinreichende Indikation total entfernt.

Bezogen auf die Sorgfaltspflichten: Hinsichtlich der ärztlichen Leistung des Erstbehandlers entsprach es im Jahre 1993 keinesfalls dem geltenden Standard eines gynäkologischen Facharztes, die vaginale Entfernung eines Intra-Uterin-Pessars mit einem Fasshaken ohne Einsatz eines speziellen Sichtgerätes (Hysteroskop) vorzunehmen, so dass die anschließende Uterusperforation dem Behandler schuldhaft zuzurechnen ist, aber auch die Totalentfernung und der damit verbundene Verlust der Gebärfähigkeit.

2.8 Ordnungsgemäße Aufklärung als Ausschluss der Rechtswidrigkeit

Ein ärztlicher Behandlungseingriff ist wie jeder andere Eingriff in die körperliche Integrität eines Menschen zunächst als rechtswidrige Handlung anzusehen, die den strafrechtlichen Tatbestand der Körperverletzung erfüllt. Die Tatbestandverwirklichung ist nur dann ausgeschlossen, wenn der Patient in den Eingriff eingewilligt hat, dieser also gerechtfertigt ist. Eine solche *rechtfertigende Einwilligung* kann nur vorliegen, wenn sie aus freien Stücken erfolgte, also vom Willen des Patienten getragen ist. Hierzu muss der Patient von dem ihn behandelnden Arzt erfahren haben, welche Krankheit vorliegt, welcher Eingriff zu ihrer Behebung geplant ist, wie dringlich er ist und welche Nebenwirkungen und Risiken damit verbunden sind.

Eine Aufklärung hat vor jeder diagnostischen und therapeutischen Maßnahme zu erfolgen und muss sich auf Art, Umfang und Durchführung des Eingriffs erstrecken (Verlaufsaufklärung).

Außerdem muss dem Patienten ein Überblick über die mit dem Eingriff verbundenen Gefahren verschafft werden (Risikoaufklärung). Hierunter ist eine Darstellung dauerhafter oder auch nur vorübergehender nachteiliger Folgen zu verstehen, die sich auch bei Anwendung der gebotenen Sorgfaltspflichten nicht mit Gewissheit ausschließen lassen. Ferner ist dem Patienten ein Bild über die Art und Schwere des Eingriffs und des mit ihm verbundenen Risikospektrums zu verschaffen, ohne freilich über Gebühr verängstigend zu wirken und den Patienten womöglich von dem gebotenen Eingriff abzuhalten.

Ist eine Behandlungsmethode noch nicht abschließend wissenschaftlich anerkannt, so hat der Arzt darauf hinzuweisen, dass sich die Methode noch in der Erprobung befindet und möglicherweise sogar bisher unbekannte Risiken auftreten. Über die „eingriffstypischen" Risiken ist unabhängig von der statistischen Häufigkeit einer sich realisierenden Komplikation aufzuklären, also z. B. über das Risiko der CO_2-Embolie bei laparoskopisch durchgeführten Eingriffen, auch wenn die Wahrscheinlichkeit eines solchen Ereignisses extrem gering ist.

Der Arzt muss außerdem über *Behandlungsalternativen* aufklären, wenn die von ihm gewählte Methode gegenüber Alternativen unterschiedliche Erfolgschancen oder andere Belastungen und Risiken mit sich bringt. In dem Beispielfall IUP wandte der Erstbehandler ein, die Patientin über den Einsatz des Hysteroskops nicht aufgeklärt und es schon deshalb nicht zum Einsatz gebracht zu haben. Genau dieser unsinnige Einwand zeigt die Problematik des Methodenwechsels unter der Operation bei fehlender Aufklärung. Ist der Methodenwechsel objektiv erforderlich und (wie hier) sogar die sicherere Methode, braucht der Arzt die Operation nicht abzubrechen, um die Einwilligung nachzuholen, sondern darf sich auf den mutmaßlichen Willen des Patienten verlassen, dass also auch dieser die schonendere und damit sicherere Methode befürwortet.

2.8.1 Aufklärungsstandards

- Aufklärungspflichtiger ist stets der Behandler selbst, Delegation nur eingeschränkt – unter gehöriger Überwachung und Versicherung über die Vollständigkeit.
- Art und Weise: ein aus dem Empfängerhorizont verständliches Gespräch
- Zeitpunkt: Es muss genügend Zeit für eine freie Willensbildung einschließlich der Möglichkeit zum Rücktritt gegeben sein.
- Aufklärungsziel: Vermittlung von Art und Gefahren der Behandlung
- Inhalt: Gebotenheit, Dringlichkeit, Heilungschancen, Schwere einer Schadensfolge für die persönliche Lebensführung, „typische Risiken"
- Standardisierte Aufklärung (z. B. Perimed-Bogen) zur Dokumentation des Aufklärungsgespräches ersetzt nicht das individuelle Gespräch. Beweiswert also nur bei erkennbarer, fallbezogener Individualisierung.
- Methodenwechsel/Op.-Erweiterung: Es gilt der mutmaßliche Wille des Patienten, der je nach Dringlichkeit unterstellt werden darf.
- Dem Patienten obliegt die Glaubhaftmachung im Falle des Rücktritts bei ordnungsgemäßer Aufklärung.
- „Immer-so-Behauptung" des Arztes bei fehlender Dokumentation möglich, Gegenbeweis des Patienten erforderlich

2.9 Ärztliche Dokumentationspflichten

Die Führung ärztlicher Aufzeichnungen über die jeweilige Behandlung sind zu allererst als vertragliche Hauptpflicht des Behandlers anzusehen, denn im Rahmen seiner Therapiepflicht schuldet er dem Patienten hiermit eine Sicherung der Therapie. So wird eine dauerhafte Nachvollziehbarkeit der Behandlung, vor allem bei Mit- oder Weiterbehandlung durch andere Ärzte, sichergestellt. Erst in zweiter Linie kommt der Arzt mit seinen Aufzeichnungen den Rechenschaftspflichten gegenüber den Beteiligten, also dem Patienten, der Kassenärztlichen Vereinigung als Abrechnungsstelle und der Krankenkasse, nach.

Die im Arzthaftungsprozess besonders relevante *Beweissicherungsfunktion*, mit der im Eigeninteresse des Behandlers der Verlauf einer Behandlung dokumentiert wird, um im Zweifelsfall die ordnungsgemäße Vornahme der Behandlung beweisen zu können, wird im Folgenden erörtert. Hier setzt im Schadensfall die Beweiserhebung des Geschädigten an, was schon zeigt, in welch hohem Maße der Patient in eine ungleiche Beweissituation gedrängt ist. Die Rechtsprechung hat in den letzten Jahrzehnten für Dokumentationsmängel, die im Arzthaftungsprozess zulasten der beweispflichtigen Partei gingen, einige beweiserleichternde Konsequenzen entwickelt, die jetzt auch in gesetzlichen Beweislastregeln Eingang gefunden haben, vgl. § 630h BGB. Fehlt eine aufzeichnungspflichtige Maßnahme, ist zu unterstellen, dass diese Maßnahme tatsächlich nicht durchgeführt worden ist. Es findet eine Beweislastumkehr zulasten des Arztes statt. Die gesetzliche Vermutung kann widerlegt werden, wenn der Arzt beweist, dass die Behandlung bzw. Maßnahme durchgeführt wurde. Gleiches gilt für den Verlust von beweiserheblichen Krankenunterlagen. Ist durch die Dokumentationslücke beispielsweise ein grober Behandlungsfehler indiziert (z. B. Unterlassung einer bestimmten Behandlung trotz Vorliegens hoch pathologischer, reaktionspflichtiger Befunde), kann sich auch hier die Beweislast umkehren mit der Folge, dass der Arzt die fehlende Kausalität seines Unterlassens für den eingetretenen Dauerschaden beweisen muss (so auch BGH, Beschl. vom 22.04.1997 VI ZR 222/96 – AHRS 6450/122).

Zusammenfassend hier noch die wichtigsten, **dokumentationspflichtigen Patientendaten** und Behandlungsmaßnahmen:

- Grunddaten des Patienten und seiner Erkrankungen
- Diagnostische Maßnahmen (Funktionsbefunde, Medikation, Abweichung von der Standardbehandlung, Verdachtsbefunde und deren Abklärung)
- Verlaufsdaten bei Eingriffen (Aufklärungsgespräch, Op.-Berichte, Narkoseprotokoll, Intensivpflegeanweisungen, Operateurswechsel)
- Präoperativer Zustand bezüglich Verträglichkeit früherer Op., Allergien

2.10 Haftungsbegrenzungen der Kausalitätslehre

Voraussetzung für eine Haftung ist immer, dass das Verhalten des Schädigers für den eingetretenen Erfolg ursächlich geworden ist. Bei der Beurteilung des Ursachenzusammenhangs hat die Entwicklung von der (im Strafrecht nach wie vor geltenden) Äquivalenztheorie, die von der Gleichwertigkeit aller denkbaren Ursachen ausging, zu der nunmehr im Zivilrecht geltenden Adäquanztheorie geführt. Hierbei handelt es sich um ein Regulatorium, um eine als unerträglich empfundene Ausweitung der Haftung zu vermeiden und diese auf ein Verhalten zu beschränken, das durch das konkrete Verhalten des Schädigers wahrscheinlicher geworden ist.

Beim Tatbestand des § 823 Abs. 1 BGB gehört der Eingriff in das Rechtsgut selbst im Sinne des ersten Verletzungserfolgs zur haftungsbegründenden Kausalität, die der Richter nach § 286 ZPO mit einem so hohen Grad an Wahrscheinlichkeit festzustellen hat, dass vernünftige Zweifel schweigen. Erst die Weiterentwicklung des Schadens wird nach § 287 ZPO beurteilt.

Dieses Verhältnis ist auch im Beispielsfall besonders gut zu erkennen: Die unsachgemäße IUP-Entfernung durch den Erstbehandler führt zur Uterusverletzung (Verletzungserfolg). Die anschließende indikationslose Uterusentfernung durch den Zweitbehandler führt als Endschaden zum Verlust der Gebärfähigkeit.

Diese Konstellation mehrerer nacheinander tätig gewordener Behandler ist von großer praktischer Bedeutung bei der Frage, ob eine durchgehende Kausalität zwischen fehlerhaftem Erstschaden und dem letztlich eingetretenen Endschaden bestehen muss. Grundsätzlich steht es der haftungsrechtlichen Verantwortung des erstbehandelnden Arztes aufgrund der befürwortenden Adäquanztheorie nicht entgegen, dass der Fehler eines nachbehandelnden Arztes dazwischentritt. Das Dazwischentreten einer Zweitursache unterbricht den Kausalzusammenhang gegenüber der Erstursache nämlich nur, wenn die Erstursache für die Zweitursache völlig bedeutungslos gewesen ist, das Verhalten des nachbehandelnden Arztes völlig ungewöhnlich und unsachgemäß war. Hat sich dagegen das Schadensrisiko der Erstursache, nämlich die durch sie geschaffene Gefahrenlage, in der Zweitursache lediglich endgültig verwirklicht, bleibt der Zurechnungszusammenhang gewahrt, der Fehler des erstbehandelnden Arztes wirkt also fort. So wurde auch der Beispielsfall entschieden – mit der Folge, dass der Erstbehandler allein für den Gesamtschaden haftet.

2.11 Entwicklung des Beweisrechts im Arzthaftungsprozess

In der Praxis der gerichtlichen Durchsetzung von Schadensersatzansprüchen stand der Patient aufgrund der besonderen Konstellation des Arzt-Patienten-Verhältnisses bisher einer Vielzahl von Beweisproblemen gegenüber, die es ihm bei Anwendung der normalen Beweisregeln nahezu unmöglich machten, ein Verschulden des Arztes oder die Ursächlichkeit seines Handelns für den eingetretenen Schaden nachzuweisen.

Der BGH hat jedoch in richterlicher Rechtsfortbildung Beweisregeln entwickelt, die zugunsten des Patienten unter bestimmten Voraussetzungen zu Beweiserleichterungen bis hin zu einer Beweislastumkehr führten. So indizierte eine unterlassene Dokumentation einer dokumentationspflichtigen Maßnahme, dass diese tatsächlich unterblieben sei; es war dann entgegen normalen Beweisregeln Sache der Behandlungsseite, nachzuweisen, dass das Gegenteil zutrifft. Häufig unbeweisbar blieb die Tatsache, dass ein festgestellter Behandlungsfehler für den eingetretenen Gesundheitsschaden überhaupt ursächlich geworden ist. Fehlt es aber an einem ursächlichen Schadensnachweis, ist die Klage insgesamt abzuweisen.

Einzige Rettung für die Geschädigtenseite war dann vielfach die vom BGH entwickelte Beweisfigur des „groben Behandlungsfehlers", der zu einer Beweislastumkehr führte.

Ein grober Behandlungsfehler ist dann als gegeben anzusehen, wenn ein eindeutiger fundamentaler Verstoß gegen bewährte ärztliche Behandlungsregeln oder gesicherte medizinische Erkenntnisse vorliegt, der nach den Umständen des Einzelfalls objektiv nicht mehr verständlich erscheint und einem Arzt schlechterdings nicht unterlaufen darf (ständige RSpr, so auch BGH Urt. v. 28.05.2002 VI ZR 42/01 – VersR 2002, 1026).

Nachdem zunächst nur Beweiserleichterungen bis hin zur Beweislastumkehr eintreten sollten, stellte der BGH in seiner neueren Rechtsprechung fest, dass die *generelle Eignung* des groben Behandlungsfehlers für den Eintritt des eingetretenen Schadens ausreicht, um die Ursächlichkeit zu unterstellen, vgl. BGH Urt. v. 27.04.2004 VI ZR 34/03 – VersR 2004, 909 und BGH Urt. v. 16.11. 2004 VI ZR 328/03. War also bisher noch ein gewisses Stufenverhältnis der Beweisfolgen zu sehen, so hat der BGH jetzt klargestellt, dass ein grober Behandlungsfehler stets zu einer Verlagerung der Beweislast auf die Behandlerseite führt.

Mit den Neuerungen durch das Patientenrechtegesetz hat diese patientenfreundliche richterliche Rechtsfortbildung nun unmittelbaren Eingang in das Beweisrecht gefunden und speziell die Rechtsfolgen eines groben Behandlungsfehlers sind jetzt gesetzlich verankert, vgl. § 630h Abs. 5 BGB.

Dies gilt auch und besonders für die Fallgruppe der *Befunderhebungsfehler* einschließlich *-unterlassung*, die in der Praxis der Behandlungsfehlerbegutachtung einen durchaus großen Anteil haben und Versicherte vor erhebliche Probleme in der Beweisführung stellten, da bei unterlassener Befunderhebung in der Regel beim behandelnden Arzt auch keine verwertbaren Unterlagen vorhanden sind. Nach dem Motto „Wer nichts macht, macht auch keine Fehler" war diesen Schadensverursachern in vielen Fällen keine Schadensursächlichkeit nachzuweisen. In ständiger Rechtsprechung hat der BGH herausgearbeitet, dass ein Verstoß gegen die ärztliche Pflicht zur medizinisch gebotenen Erhebung und Sicherung von Befunden für den Patienten zunächst die Vermutung eines positiven Befundergebnisses darstellt, wenn ein solches hinreichend wahrscheinlich ist. Ein solcher Verstoß hat aber auch Auswirkungen auf die Kausalitätsfrage, wenn die Fehlreaktion des Arztes auf den Befund als grober Behandlungsfehler einzustufen wäre.

Beispiel:

Bei einer vermuteten Subarachnoidalblutung hätte mit rechtzeitiger Abklärung durch eine computertomographische Untersuchung eine weitere Verschlechterung (Vasospasmus) vermieden werden können, weil im konkreten Fall mit größter Wahrscheinlichkeit ein sofort zu operierendes Aneurysma entdeckt worden wäre (OLG Hamm, Urt. v. 26.01.2000, 3 U 166/96, Revision vom BGH nicht angenommen). Die Unterlassung der Operation wäre ein grober Behandlungsfehler gewesen, also war auch die Unterlassung einer entsprechenden Befunderhebung grob fehlerhaft.

Die Formulierung des Gesetzestextes in § 630h Abs. 5 S. 2 BGB nimmt den Leitsatz der ständigen Rechtsprechung jetzt fast wörtlich auf.

3 Rechtsanwaltliche Empfehlungen an den Betroffenen bei Verdacht auf einen ärztlichen Behandlungsfehler

ROLAND UPHOFF

3.1 Einleitung

Der vorliegende Aufsatz soll betroffenen Patienten einige Empfehlungen geben, die beim Verdacht auf einen ärztlichen Behandlungsfehler aus rechtsanwaltlicher Sicht beachtet werden sollten.

Für den betroffenen Patienten ist die Prüfung, ob er Geschädigter eines ärztlichen Behandlungsfehlers ist, eine hoch emotionale und komplexe Angelegenheit. Nicht selten bestehen große Erwartungen, dass Schmerzensgeld und Schadenersatz erstritten werden. Andererseits ist unbedingt wichtig, dass fundiert und medizinisch abgesichert der Sachverhalt und die Erfolgsaussichten oder Risiken einer Geltendmachung von Schmerzensgeld und Schadenersatz kompetent geprüft werden.

Die vorliegenden Empfehlungen sollen nicht die allgemeinen Voraussetzungen der Schadenersatzpflicht bei ärztlichen Behandlungsfehlern erläutern, sondern beschreiben, welche Dinge man als Patient beachten soll, welche Möglichkeiten bestehen, Schmerzensgeld und Schadenersatz durchzusetzen und wie man in derartigen Fällen vorgehen sollte.

3.2 Möglichkeiten und Procedere bei Verdacht auf einen ärztlichen Behandlungsfehler

Welche grundsätzlichen Dinge muss man bei der Prüfung von ärztlichen Behandlungsfehlern beachten? Wie prüft man überhaupt, ob ein ärztlicher Behandlungsfehler einen gesundheitlichen Schaden beim Patienten verursacht hat?

3.2.1 Anfordern der kompletten Behandlungsunterlagen

Dreh- und Angelpunkt der Prüfung, ob eine ärztliche Behandlung fehlerhaft war und/oder der Patient nicht ausreichend aufgeklärt bzw. informiert worden ist, sind und bleiben die ärztlichen Krankenblattunterlagen.

Es ist daher unabdingbar, dass die kompletten Behandlungsunterlagen angefordert werden. Dem Patienten steht hierfür ein einklagbarer Rechtsanspruch auf eine vollständige Kopie der kompletten Krankenblattunterlagen gegen angemessene Kostenerstattung zu.

Es ist dabei nicht ausreichend, wenn nur Teile der Krankenakte (beispielsweise nur der ärztliche Abschlussbericht) übersandt werden. Wichtig sind auch Pflegeverlaufsprotokolle, Beobachtungsbögen, Fieberkurven etc., da in diesen weiteren Behandlungsunterlagen häufig detaillierter über den Zustand des Patienten dokumentiert wird.

Auch wenn sich die Prüfung eines Behandlungsfehlervorwurfs häufig auf einen Behandlungsabschnitt oder auf eine konkrete Behandlung bei einem bestimmten Arzt konzentriert, ist es ebenfalls notwendig, dass die Behandlungsunterlagen der vor-, mit- und nachbehandelnden Ärzte und Kliniken zusammengetragen werden. Das ist deshalb notwendig, weil beispielsweise aus der Weiterbehandlung des Patienten erst ersichtlich wird, welchen konkreten gesundheitlichen Schaden er erlitten hat und welche weiteren Behandlungsmaßnahmen erforderlich waren.

Die Unterlagen aus der Vorbehandlung sind speziell deshalb notwendig, um prüfen zu können, ob überhaupt eine Indikation zur Weiterbehandlung oder beispielsweise zur nachfolgenden Operation bestanden hat. Auch kann nur anhand der Krankenblattunterlagen aus der Vorbehandlung geklärt werden, ob eine „ausreichende Vorbehandlung" erfolgt ist, beispielsweise der Patient konservativ austherapiert war und deshalb nur noch die Möglichkeit bestanden hat, den Patienten nunmehr zu operieren. Auch die präoperative Aufklärung kann nur anhand der Vorbehandlung des Patienten abgeklärt und gewürdigt werden, da nur anhand der Vorbehandlung ersichtlich ist, welche Gespräche möglicherweise mit dem Patienten geführt worden sind.

Naturgemäß ist bei operativen Eingriffen anhand der Behandlungsunterlagen genauer zu beurteilen, ob die Operationstechnik korrekt war und ob möglicherweise Behandlungsalternativen bestanden haben, über die der Patient hätte aufgeklärt werden müssen.

Bei der Frage der postoperativen Überwachung und Nachbehandlung ist unbedingt erforderlich, die Behandlungsunterlagen aus der Weiterbehandlung vorliegen zu haben.

Bei dieser dargestellten „chronologischen" Prüfung und Durchsicht der Behandlungsunterlagen zeigt sich möglicherweise, dass ein anderer Behandlungsabschnitt (aus der Vor- oder Nachbehandlung) oder ein anderer Punkt (Operationsindikation oder ausreichende Aufklärung) aus der kritisierten Behandlung genauer zu prüfen ist.

Der betroffene Patient sollte also in jedem Fall die Behandlungsunterlagen umfassend und vollständig aus medizinischer und medizinrechtlicher Sicht überprüfen lassen.

3.2.2 Fertigen eines Gedächtnisprotokolls

Der betroffene Patient sollte aus seiner Erinnerung heraus ebenfalls ein umfassendes Gedächtnisprotokoll fertigen, in dem er die Behandlung im Detail beschreibt.

Welche Maßnahmen sind von welchem Arzt getroffen worden? Welche Beschwerden lagen zu welchem Zeitpunkt vor und können erinnert werden? Worüber ist zu welchem Zeitpunkt mit dem Patienten gesprochen worden?

Ein derartiges Gedächtnisprotokoll ist notwendig, um die Behandlung, wie sie in den oben beschriebenen Krankenblattunterlagen dargestellt wird, mit den Erinnerungen und Darstellungen des Patienten zu vergleichen. Oft ist auffällig, dass insbesondere Beschwerden oder der Inhalt von Aufklärungsgesprächen vom Patienten anders berichtet oder zumindest anders erinnert werden. Obwohl aus haftungs-/medizinrechtlicher Sicht unterstellt wird, dass der dokumentierte Behandlungsablauf oder der durch Ärzte und Kliniken dokumentierte Inhalt eines Aufklärungsgesprächs richtig ist und daher bei der Entscheidungsfindung zugrunde gelegt wird, sind die Gerichte verpflichtet, den Patienten beispielsweise auch dazu anzuhören, welchen Inhalt ein Aufklärungsgespräch hatte.

Nicht selten stellt sich heraus, dass gewisse Behandlungsabschnitte nicht ausreichend in den Behandlungsunterlagen dokumentiert sind. Dann ist auch auf der Grundlage der Schilderung bzw. des Gedächtnisprotokolls des Patienten zu entscheiden, ob die Behandlung richtig oder fehlerhaft war.

Das Gedächtnisprotokoll hat darüber hinaus den großen Vorteil, dass sich der Patient auch im Laufe einer arzthaftungsrechtlichen Auseinandersetzung immer wieder daran orientieren kann. Das Gedächtnisprotokoll dient letztendlich auch als Gedächtnisstütze für einen späteren Rechtsstreit, wenn der Patient vor Gericht angehört wird.

3.2.3 Medizinische und medizinrechtliche Bewertung anhand von Krankenblattunterlagen und Gedächtnisprotokoll

Auf der Grundlage der zusammengetragenen Behandlungsunterlagen sowie der Gedächtnisprotokolle des Betroffenen ist der Sachverhalt aus rechtlicher Sicht aufzuarbeiten, d. h. herauszustellen, welche medizinrechtlichen Fragen zu begutachten sind.

Dabei zeigt sich erneut die Bedeutung des Gedächtnisprotokolls des betroffenen Patienten. Wenn beispielsweise der Patient im Detail und nachhaltig schildern kann, welche Beschwerden oder Auffälligkeiten er erinnern kann, so muss daran anknüpfend auch aus medizinrechtlicher Sicht begutachtet werden, ob die Beschwerden oder geklagten Auffälligkeiten eine andere Reaktion aus fachärztlicher Sicht indiziert hätten.

Der betroffene Patient muss also bei der Aufbereitung und Begutachtung des medizinischen Sachverhaltes mitarbeiten, indem er beispielsweise tatsächliche Sachverhaltslücken klärt bzw. durch sein Gedächtnisprotokoll beschreibt, welche Behandlung zu welchem Zeitpunkt mit welchem Erfolg durchgeführt worden ist.

Die medizinrechtlichen Fragen müssen umfassend und kompetent formuliert werden. Unter Berücksichtigung der arzthaftungsrechtlichen Rechtsprechung wäre beispielsweise zu fragen: War es im Hinblick auf die geklagten Beschwerden des Patienten elementar wichtig, weitergehende Untersuchungen, z. B. mittels MRT oder CT oder Behandlungen, durchzuführen?

3.2.4 Begutachtung durch MDK, Gutachterkommission, Privatgutachten im Zivilprozess oder Strafanzeige

Die medizinische bzw. medizinrechtliche Begutachtung kann durch verschiedene Institutionen vorgenommen werden.

An erster Stelle steht sicherlich die Begutachtung durch den Medizinischen Dienst der Krankenkassen. Der Vorteil der Begutachtung durch den MDK besteht insbesondere darin, dass ein derartiges Gutachten kostenfrei über die zuständige Krankenkasse veranlasst werden kann. Es ist daher notwendig, dass die kompletten Behandlungsunterlagen dem MDK zugeleitet werden, damit dieser den Sachverhalt umfassend beurteilen kann.

Der Nachteil derartiger Prüfungen besteht darin, dass im Wesentlichen die Begutachtungen sogenannte „Aktengutachten" sind, d. h. eine unmittelbare Befragung des betroffenen Patienten nicht erfolgt. Indes kann durch das vorab beschriebene Gedächtnisprotokoll des betroffenen Patienten auch von Seiten des MDK der Sachverhalt unter Berücksichtigung der Erinnerungen des betroffenen Patienten begutachtet werden.

Die Qualität der Gutachten des MDK hat sich in den vergangenen Jahren deutlich verbessert. Der Aufbau, die Aufbereitung des Sachverhalts und die medizinisch fundierte Bewertung des Sachverhalts sind also durchaus „gerichtsfest", d. h. haben in einer gerichtlichen Auseinandersetzung Relevanz. Naturgemäß wird dennoch regelmäßig eingewandt, dass die Gutachten „parteiisch" seien, d. h. im Interesse der Krankenkasse bzw. des Patienten beurteilt würden bzw. zu häufig und ohne nähere Begründung Behandlungsfehler festgestellt würden.

Dennoch kann und wird vom Verfasser empfohlen, frühzeitig die Krankenkasse einzuschalten, diese regelmäßig zu informieren und eben auch eine Begutachtung durch den MDK anzuregen. Dieses gilt umso mehr, als dass auch die Krankenkasse im Rahmen von § 116 SGB X möglicherweise Folgekosten (Heil- und Hilfsmittelkosten, Behandlungskosten etc.) aus einer fehlerhaften Behandlung geltend machen kann.

Ein weiterer Weg, eine medizinische Begutachtung kostenfrei zu erhalten, wird von den jeweils zuständigen Landesärztekammern angeboten.

Die dort ansässigen sogenannten „Schlichtungsstellen oder Gutachterkommissionen" begutachten auf Antrag des betroffenen Patienten kostenfrei den medizinischen Sachverhalt. Es werden auch dort sämtliche Behandlungsunterlagen aus der Vor-, Mit- und Nachbehandlung sowie der gerügten Behandlung zusammengetragen und im Anschluss daran durch einen Gutachter bewertet.

Interessanterweise ist die Quote der festgestellten Behandlungsfehlervorwürfe beim MDK und den Gutachterkommissionen mit ca. 30 % annähernd gleich.

Der wesentliche Nachteil der Verfahren vor der Gutachterkommission ist insbesondere, dass diese mit einer Dauer von im Durchschnitt über zwölf Monaten sehr lang sind. Daneben ist zu beachten, dass insbesondere bei Großschadensfällen, d. h. bei ärztlichen Behandlungsfehlervorwürfen, die einen erheblichen Schmerzensgeld- und Schadenersatzanspruch begründen, die beteiligten Berufshaftpflichtversicherungen trotz durch die Kommission festgestellter Fehler den Behandlungsfehlervorwurf abstreiten und im Hinblick auf die Höhe der geltend gemachten Schmerzensgeld- und Schadenersatzansprüche in jedem Fall einen gerichtlichen Rechtsstreit führen wollen. Nur wenn gerichtlich und rechtskräftig festgestellt worden ist, dass ein Behandlungsfehler unterlaufen ist und Schmerzensgeld und Schadenersatz gezahlt werden muss, wird von den beteiligten Berufshaftpflichtversicherungen der Schadenersatz beglichen.

Die Begutachtung durch den MDK und die Begutachtung durch die Schlichtungsstelle und Gutachterkommission der Landesärztekammer kann nicht parallel erfolgen. Es ist daher zu empfehlen, zunächst über den MDK eine Beurteilung des medizinischen Sachverhalts vorzunehmen.

Sollte diese aus irgendeinem Grund nicht überzeugen, kann noch eine Begutachtung durch die Gutachterkommission der Ärztekammer angeschlossen werden. Sollte sowohl der MDK als auch die Gutachterkommission keinerlei Behandlungsfehler bejahen, ist ernsthaft zu überlegen, ob überhaupt Erfolgschancen bestehen, Schmerzensgeld und Schadenersatz durchzusetzen.

Es sollte speziell nach einer Begutachtung durch den MDK regelmäßig auch die Krankenkasse über die weitere Auseinandersetzung mit der Berufshaftpflichtversicherung des Arztes oder über einen dann ggf. aufgenommenen Rechtsstreit informiert werden, damit diese ggf. eine ergänzende Stellungnahme des MDK einholt, wenn beispielsweise im Rechtsstreit der Behandlungsfehlervorwurf von der Ärzteseite bestritten wird oder ein gerichtlich bestellter Gutachter keine Behandlungsfehler erkennt.

Wenn beispielsweise der MDK und/oder die Gutachterkommission Behandlungsfehler oder Aufklärungsversäumnisse bestätigen und die beteiligte Berufshaftpflichtversicherung des Arztes/Krankenhauses dennoch kein Schmerzensgeld und Schadenersatz zahlt, besteht die Möglichkeit, einen Rechtsstreit vor dem Gericht zu führen.

Dieser wird dann insbesondere durch die Vorlage des Gutachtens des MDK bzw. der Gutachterkommission begründet.

Neben einer Begutachtung durch den MDK oder die Gutachterkommission empfiehlt sich durchaus auch eine Beurteilung durch einen privat beauftragten Gutachter/Mediziner. Es ist wichtig, dass eine derartige Begutachtung (wie bereits eine Begutachtung durch den MDK) vernünftig vorbereitet ist. Es sind also sämtliche Unterlagen zusammenzutragen und ggf. mit einem Fragenkatalog an den Privatgutachter zu übersenden.

Die Kosten eines Privatgutachtens werden nicht von einer bestehenden Rechtsschutzversicherung übernommen und müssen vom betroffenen Patienten bezahlt werden.

Eine Begutachtung kann grundsätzlich auch nach dem Erstatten einer Strafanzeige erreicht werden. Im Rahmen der strafrechtlichen Ermittlungen werden regelmäßig die Krankenblattunterlagen beschlagnahmt und der medizinische Sachverhalt wird über das zuständige Institut für Rechtsmedizin begutachtet.

Da der strafrechtliche Schuldvorwurf an deutlich strengere Voraussetzungen geknüpft ist (Grundsatz: Im Zweifel für den Angeklagten), werden über 95 % der strafrechtlichen Behandlungsfehlervorwürfe von den Staatsanwaltschaften wegen eines mangelnden Tatnachweises eingestellt. Anders als im Strafrecht gelten im Zivilprozessrecht Beweiserleichterungen (grober Behandlungsfehler, Dokumentationslücken etc.), die dazu führen können, dass der Patient Schmerzensgeld und Schadenersatz erhält, während ein Strafverfahren „im Sande verlaufen" wäre.

Wenn indes ein strafrechtliches Ermittlungsverfahren wegen mangelndem Tatverdacht eingestellt wird, wird die beteiligte Berufshaftpflichtversicherung regelmäßig einwenden, dass nach Einstellen des strafrechtlichen Ermittlungsverfahrens nicht erkennbar sei, dass behandlungsfehlerhaft die gesundheitliche Schädigung beim Patienten verursacht worden ist. Zivilrechtliche Schmerzensgeld- und Schadenersatzansprüche werden dann abgelehnt, weil das strafrechtliche Ermittlungsverfahren auch eingestellt worden ist.

Eine Strafanzeige ist also beim Verdacht auf einen ärztlichen Behandlungsfehler kontraproduktiv. Sie blockiert die zivilrechtliche Schadenersatzregulierung und führt regelmäßig aufgrund des strengen Beweismaßes im Strafrecht nicht zu dem Ergebnis, dass ein schadenskausaler Behandlungsfehler bewiesen werden kann.

Bei der Beurteilung des medizinischen Sachverhalts durch die verschiedenen Institutionen (MDK, Gutachterkommission, Privatgutachten, Zivilprozess, Strafprozess) ist unbedingt zu beachten, dass nur das Verfahren bei der Gutachterkommission sowie ein Zivilprozess die Verjährung der möglichen Schmerzensgeld- und Schadenersatzansprüche hemmt. Es ist unbedingt zu beachten, dass während einer Begutachtung durch den MDK, durch einen Privatgutachter oder auch im Rahmen eines Strafverfahrens die Verjährung **nicht** gehemmt, d. h. unterbrochen ist.

Regelmäßig verjähren Schmerzensgeld- und Schadenersatzansprüche innerhalb von drei Jahren zum Jahresende, sobald der Patient Kenntnis vom wesentlichen Behandlungsverlauf und vom Abweichen vom medizinischen Standard hat.

Dieses sollte grundsätzlich dann angenommen werden, wenn der Patient die kompletten ärztlichen Behandlungsunterlagen erhalten hat.

Beispiel:

Erhält der betroffene Patient die kompletten Behandlungsunterlagen im Juni 2018, so verjähren mögliche Schmerzensgeld- und Schadenersatzansprüche also zum Ende 2021.

Die oben dargestellte medizinrechtliche Aufbereitung des Sachverhalts sowie die Kontrolle der Verjährungsfristen sollten kompetent und fundiert vorgenommen werden. Es ist daher zu empfehlen, eine(n) im Medizinschadensrecht erfahrene(n) Rechtsanwalt/Rechtsanwältin zu konsultieren, der/die entsprechende medizinrechtliche Vorbereitung und Kontrolle der Verjährung vornimmt.

3.2.5 Tipps und Empfehlungen

- Es ist wichtig, sich fundiert und kompetent beraten zu lassen. Sowohl die Fachabteilungen der zuständigen Krankenkasse als auch ein(e) im Medizinschadensrecht spezialisierte(r) Rechtsanwalt/Rechtsanwältin sollten daher kontaktiert werden.
- Ein Rechtsstreit gegenüber dem Arzt oder Krankenhaus sollte nicht ohne eine Beratung und genaue Prüfung der Chancen und Risiken, Schmerzensgeld und Schadenersatz durchzusetzen, aufgenommen werden.
- Wie man im Detail vorgeht und wer die Begutachtung des medizinischen Sachverhalts ergänzend vornehmen soll, ist in Ruhe zu prüfen. Vor „Schnellschüssen" und insbesondere Strafanzeigen wird daher vom Verfasser ausdrücklich gewarnt; dieses wäre, um es aus medizinrechtlicher Sicht zu sagen, grob fehlerhaft.
- Die arzthaftungsrechtliche Auseinandersetzung bei Verdacht auf einen ärztlichen Behandlungsfehler ist zeitintensiv und für den Patienten sehr nervenaufreibend. Es ist wichtig, dass daher im Vorfeld Klarheit darüber erreicht wird, welche Chancen und Risiken bestehen, Schmerzensgeld und Schadenersatz bei Verdacht auf einen ärztlichen Behandlungsfehler durchzusetzen.

4 Vermuteter Behandlungsfehler – 7 rechtsanwaltliche Empfehlungen an den Arzt zum Verhalten nach einem unerwünschten Ereignis

Maximilian Warntjen

Die anwaltliche Praxis zeigt, dass auf Seiten der Ärzte vielfach Unsicherheit über das gebotene Verhalten nach einem unerwünschten Ereignis besteht. Zahlreiche zivilrechtliche Auseinandersetzungen zwischen Patienten und Ärzten, aber auch strafrechtliche Ermittlungsverfahren lassen sich verhindern, wenn auf Behandlungsfehlervorwürfe adäquat reagiert und das Anliegen des Patienten ernst genommen wird.

Wenngleich naturgemäß jeder Fall anders gelagert ist und deshalb das Verhalten nach einem Zwischenfall stets auf die Erfordernisse des Einzelfalls abgestimmt werden muss, können nachfolgende sieben Empfehlungen im Sinne einer „Checkliste" dem betroffenen Behandler Anhaltspunkte für ein im juristischen Sinne „kunstgerechtes" Agieren bieten.

4.1 Vervollständigung der Dokumentation/ Gedächtnisprotokoll

Der ärztlichen Dokumentation kommt im Rahmen juristischer Auseinandersetzungen, seien diese nun zivil- oder strafrechtlicher Natur, bekanntermaßen große, z. T. sogar entscheidende Bedeutung zu. Im zivilrechtlichen Haftungsprozess etwa führt die fehlende Erwähnung eines eigentlich dokumentationspflichtigen Umstandes zu einer sogenannten Beweislastumkehr: Der Arzt muss nun nachweisen, dass die

Behandlungsmaßnahme tatsächlich durchgeführt wurde, was ihm in vielen Fällen kaum gelingen kann. Andersherum aber hat eine ordnungsgemäß erstellte ärztliche Dokumentation die Qualität einer Urkunde im rechtlichen Sinn, d. h. ihr kommt im Prozess die Vermutung der Richtigkeit und Vollständigkeit zu.

Vor diesem Hintergrund gilt im Anschluss an aufgetretene Komplikationen und unerwünschte Ereignisse der ärztlichen Dokumentation besonderes Augenmerk. Behandlungsmaßnahmen im Zusammenhang mit dem Eintreten einer Komplikation sind in üblicher Weise sofort bzw. zeitnah zu dokumentieren.

Sowohl im Falle schlichten „Vergessens" eigentlich dokumentationspflichtiger Umstände wie auch bei Notfallbehandlungen (hier hat die eigentliche Behandlungstätigkeit natürlich Vorrang) können Nachträge in den Krankenunterlagen erforderlich werden. Solange derartige Nachträge als solche kenntlich gemacht werden, etwa mittels Datumsangabe oder durch ausdrücklichen Hinweis, sind sie unproblematisch, anderenfalls steht eine Strafbarkeit wegen Urkundenfälschung im Raum.

Vorstehende Ausführungen gelten gleichermaßen für die heute vielfach übliche elektronische Dokumentation. Auch hier sind Nachträge nur dann zulässig, wenn sie als solche gekennzeichnet werden. Technisch dürften sich die Zeitpunkte der einzelnen Einträge (und damit auch eine nachträgliche Manipulation!) nachvollziehen lassen, sodass erneut vor Änderungen der Dokumentation zu warnen ist.

4.2 Anzeigepflicht?

Die Frage nach einer Pflicht zur Benachrichtigung der Ermittlungsbehörden bei einem Todesfall im Rahmen einer invasiven Maßnahme muss differenziert beantwortet werden, da Rechtsgrundlage die verschiedenen Bestattungsgesetze samt Verordnungen der Länder sind. Gemeinsam ist ihnen, dass zwischen „natürlicher Tod" und „Todesursache ungewiss" oder „nicht natürlicher Tod" (z. T. in unterschiedlicher Formulierung) unterschieden wird. Manche Gesetze stellen bei „nicht natürlichem Tod" die Pflicht auf, die Polizei zu benachrichtigen.

Kernpunkt ist die Frage, wann ein natürlicher Tod vorliegt. Der Tod bei oder nach einer Behandlungsmaßnahme wird in der juristischen Literatur überwiegend dann als „nicht natürlich" gesehen, wenn zumindest entfernte Anhaltspunkte für ein Verschulden der behandelnden Ärzte vorliegen. Daraus folgt, dass sicherlich nicht bei jedem Fall einer tödlich verlaufenden Komplikation oder sogar jedem Todesfall im Krankenhaus ein „unnatürlicher Tod" anzunehmen und Anzeige bei der Polizei oder Staatsanwaltschaft zu erstatten ist. Andererseits sollte – insbesondere bei entsprechenden gegenteiligen Anhaltspunkten – auf keinen Fall vorschnell eine „natürliche" Todesursache angegeben werden, da dies den strafrechtlich relevanten Vorwurf der (versuchten) Strafvereitelung begründen kann.

Zu beachten ist, dass selbst bei gravierenden Zwischenfällen, die zwar nicht zum Tod, jedoch zu einer sonstigen Schädigung des Patienten geführt haben, keine Verpflichtung zur Anzeige bei Polizei und/oder Staatsanwaltschaft besteht.

Um Konfliktsituationen zu vermeiden, sollte ein nicht am Behandlungsgeschehen bzw. Zwischenfall beteiligter und insofern „neutraler" Arzt die Todesbescheinigung ausfüllen.

4.3 Gespräch mit dem Patienten

Der adäquaten Kommunikation mit dem Patienten kommt nach einem unerwünschten Ereignis entscheidende Bedeutung zu. Das vertrauensvolle Gespräch mit dem Patienten bzw. dessen Angehörigen vermag in vielen Fällen eine zivilrechtliche Auseinandersetzung bzw. in den meisten Fällen ein Strafverfahren zu verhindern. Oft geht es beispielsweise (nur) darum, dem Patienten zu veranschaulichen, warum ein Behandlungsziel nicht erreicht werden konnte, oder ihm darzulegen, dass sich eine – (hoffentlich) bereits im Rahmen der Aufklärung erläuterte – Komplikationsmöglichkeit realisiert hat. Wer hierfür „keine Zeit" hat, verkennt, wie zeit- und nervenaufwendig die aus einer Verweigerungshaltung resultierenden Folgeverfahren sein können.

Das Gespräch mit dem Patienten muss allerdings sorgfältig vorbereitet werden, indem etwa überlegt wird, welche Informationen dem Patienten mitgeteilt werden, welche Fragen dieser mutmaßlich an die Behandler richten wird und wie mit etwaigen Vorwürfen umgegangen wird. In diesem Zusammenhang ist eindringlich davor zu warnen, ein Schuldeingeständnis abzugeben, da stets an eventuelle strafrechtliche Weiterungen zu denken ist, in denen unbedachte, letztlich voreilige Selbstbelastungen die Verteidigung erschweren. Selbstverständlich ist, dass alles Erforderliche getan werden muss, um eine ordnungsgemäße Weiterbehandlung des Patienten im Sinne einer Schadensvermeidung bzw. Schadensbegrenzung zu gewährleisten.

Der betroffene Arzt sollte das Gespräch mit dem Patienten bzw. den Angehörigen nicht alleine führen. Schon aus Beweisgründen empfiehlt es sich, einen Kollegen, ggf. sogar den Chefarzt, hinzuzuziehen. Dem Patienten wird so auch signalisiert, dass man sein Anliegen ernst nimmt. Im Anschluss an das Gespräch sollte über Ablauf und Inhalt eine schriftliche Notiz gefertigt werden, die zu den persönlichen Unterlagen genommen wird und nicht Bestandteil der Behandlungsdokumentation ist.

4.4 Information der Haftpflichtversicherung

Jedes Schadensereignis ist unverzüglich an die Haftpflichtversicherung zu melden. Insbesondere gilt dies unabhängig davon, ob der Arzt ein eigenes Fehlverhalten ausschließen kann. Ebenso ist es unerheblich, ob von Patientenseite bereits Vorwürfe erhoben oder gar ein rechtsanwaltliches Anspruchsschreiben vorliegt. Wird die Versicherung nicht rechtzeitig informiert, kann der Versicherungsschutz gefährdet sein.

Im weiteren Verlauf fordert die Versicherung regelmäßig eine schriftliche Stellungnahme zum fraglichen Geschehen an, um sich ein Bild von der Sache zu machen. Eine Schweigepflichtentbindung des Patienten ist für diese „interne" Korrespondenz zwischen Arzt und Versicherung nicht erforderlich. Da im Falle der Einleitung eines strafrechtlichen Ermittlungsverfahrens derartige Unterlagen beschlagnahmt werden können, sollte sich der Arzt auf die Darstellung des objektiven Behandlungsablaufs beschränken und Spekulationen, Schuldeingeständnisse und Schuldzuweisungen vermeiden.

Jegliche Korrespondenz mit dem Patienten bzw. dessen Anwalt ist dem Versicherer zu überlassen, denn dieser hat die Regulierungsvollmacht. Dies bedeutet, dass die Versicherung befugt ist, sämtliche mit der Schadensregulierung zusammenhängenden Maßnahmen zu treffen (etwa Beauftragung eines Anwaltes) und den Arzt anzuweisen, sich entsprechend zu verhalten. Sie hat dabei sowohl das Recht, den behaupteten Anspruch des Patienten anzuerkennen und Schadensersatz zu zahlen, als auch einen Rechtsstreit durch mehrere Instanzen zu führen.

Dies gilt allerdings nur im Zivil- und nicht im Strafverfahren. Im Strafverfahren kann der Arzt selbst einen Verteidiger auswählen (den er allerdings auch selbst bezahlen muss, wenn nicht über den Berufsverband eine entsprechende Versicherung besteht oder eine private Rechtsschutzversicherung vorhanden ist), wie er auch selbst (und nicht die Versicherung!) eine etwaige Strafe oder Geldauflage tragen muss.

Wird dem Arzt eine zivilrechtliche Klage zugestellt, ist diese unverzüglich an die Versicherung oder den Anwalt weiterzuleiten, denn es laufen Fristen, die unbedingt beachtet werden müssen.

Auch nach Einschaltung eines Rechtsanwaltes sollte sich der Arzt um „seinen Fall" wirklich kümmern. Dies bedeutet, dass dem Anwalt die zur Erarbeitung der maßgeblichen Schriftsätze erforderlichen tatsächlichen und medizinischen Informationen und Zusammenhänge zur Verfügung zu stellen sind, die anwaltlichen Ausführungen auf korrekte Sachdarstellung zu überprüfen sind und der Arzt an etwaigen Gerichtsterminen nach Möglichkeit teilnimmt.

4.5 Herausgabe der Krankenunterlagen

Der Patient hat ein Recht auf Einsicht in seine Krankenunterlagen. Praktisch bedeutet dies, dass Arzt bzw. Klinikträger verpflichtet sind,

Fotokopien sämtlicher Unterlagen herzustellen und sie dem Patienten gegen Kostenerstattung zur Verfügung zu stellen. Keinesfalls besteht aber die Verpflichtung, Originaldokumente herauszugeben, wobei für Röntgenbilder Ausnahmen bestehen können.

Wichtig ist folgende Erkenntnis aus der rechtsanwaltlichen Praxis: Zahlreichen Strafverfahren wegen des Verdachts der fahrlässigen Körperverletzung oder Tötung liegen Strafanzeigen von Patienten zugrunde, denen die Einsicht in die Behandlungsdokumentation beharrlich verweigert wurde. Die ausdrückliche Empfehlung lautet also, dem Einsichts- bzw. Herausgabeverlangen rasch und unbürokratisch nachzukommen. Gleiches gilt im Übrigen für die Bitte des Patienten, die zuständige Haftpflichtversicherung samt Anschrift und Versicherungsscheinnummer mitzuteilen.

Da nach entsprechender Anzeigeerstattung zu Beginn eines strafrechtlichen Ermittlungsverfahrens regelmäßig die Beschlagnahme sämtlicher Behandlungsunterlagen aufgrund eines Gerichtsbeschlusses erfolgt, sollten bei absehbaren juristischen Weiterungen vorsorglich die Krankenunterlagen kopiert bzw. bildgebende Darstellungen (z. B. Röntgenbilder) reproduziert werden, da anderenfalls womöglich die interne Sachverhaltsaufklärung mangels Informationen über das fragliche Geschehen erschwert wird. Zwar kann – allerdings ausschließlich über einen Verteidiger – im weiteren Verlauf des Ermittlungsverfahrens Akteneinsicht genommen werden, doch kann die Gewährung dieser durch die Staatsanwaltschaft zum Teil erhebliche Zeit in Anspruch nehmen.

4.6 Rechte und Pflichten als Beschuldigter bzw. Zeuge

Wer – etwa aufgrund einer entsprechenden Vorladung zur Vernehmung oder durch eine Durchsuchungsaktion – davon Kenntnis erhält, in einem Ermittlungsverfahren als Beschuldigter geführt zu werden, sollte zunächst unbedingt von seinem Schweigerecht Gebrauch machen und keine mündlichen Erklärungen zur Sache abgeben. Hieraus dürfen keine nachteiligen Schlüsse gezogen werden.

Unbedachte Äußerungen oder scheinbar belanglose Plaudereien finden über Aktenvermerke der Kripobeamten regelmäßig Eingang in die Ermittlungsunterlagen und erschweren anschließend die Verteidigung oft ungemein. Stattdessen sollte umgehend ein Verteidiger beauftragt werden, über den nach Erhalt von Akteneinsicht eine fundierte Stellungnahme zu den im Raum stehenden Vorwürfen abgegeben wird.

Im Gegensatz zum Beschuldigten ist der Zeuge grundsätzlich dazu verpflichtet, wahrheitsgemäß auszusagen. Im Falle von Behandlungsfehlervorwürfen wird auch regelmäßig eine entsprechende Schweigepflichtentbindung des Patienten vorliegen, sodass die ärztliche Schweigepflicht einer Aussage nicht entgegensteht. Zu beachten ist, dass seit kurzem im Regelfall eine Verpflichtung besteht, auf entsprechende Ladung zur Zeugenvernehmung bei der Polizei zu erscheinen.

Wer eine Vorladung zur Vernehmung als Zeuge erhält, allerdings eigenes Fehlverhalten im Zusammenhang mit dem fraglichen Behandlungsgeschehen nicht sicher ausschließen kann, sollte überlegen, einen Rechtsanwalt als sogenannten Zeugenbeistand hinzuzuziehen.

Zwar besteht grundsätzlich ein Auskunftsverweigerungsrecht (§ 55 Strafprozessordnung) hinsichtlich solcher Fragen, deren Beantwortung die Gefahr eigener Strafverfolgung mit sich bringt, allerdings ist für den Laien zumeist schwer auszumachen, welche Fragen potenziell „gefährlich" sind bzw. wann das Auskunftsverweigerungsrecht greift. Der Zeugenbeistand hat das Recht, an der Vernehmung teilzunehmen und ggf. einzugreifen.

4.7 Umgang mit der Presse

Die größte Sorge betroffener Ärzte und Klinikträger gilt vielfach der medialen Berichterstattung im Zusammenhang mit einem unerwünschten Ereignis. Dies ist nachvollziehbar, denn die erhebliche Publizität sogenannter „Kunstfehlerprozesse" kann zu Ansehensverlust und Rufschädigung in einer Dimension führen, die für den betroffenen Arzt oder die Klinik weitreichende Folgen bis hin zur Existenzbedrohung hat.

Anzumerken ist allerdings, dass die große Mehrzahl der Auseinandersetzungen mit Patienten nicht Gegenstand publikumswirksamer Berichterstattung ist.

Insbesondere bei vermeintlich spektakulären Fällen kann indes eine eklatante Medienwirksamkeit entstehen, welche eine professionelle Reaktion erfordert.

Als Grundsatz gilt, dass sich persönlich Betroffene gegenüber Medien nicht selbst äußern sollten, sondern dies der in einer Klinik ggf. eingerichteten Pressestelle bzw. dem Anwalt überlassen sollten, wobei Letzterer prüfen muss, ob die Beiziehung externen Sachverstands (Medienberater, Krisen-PR) geboten ist.

Das zu berücksichtigende Spannungsverhältnis besteht darin, dass einerseits die Informationserteilung an Medienvertreter der Publizität der Sache weiteren „Auftrieb" geben kann, andererseits eine völlige Verweigerungshaltung nach der Maßgabe „Kein Kommentar" schnell als Schuldeingeständnis gewertet werden könnte.

Insbesondere die zumeist öffentliche Hauptverhandlung in Strafsachen ruft erfahrungsgemäß ein gesteigertes mediales Interesse hervor. Primäres Ziel der Verteidigung in Arztstrafsachen muss deshalb sein, ein Ermittlungsverfahren bereits im Frühstadium zur Erledigung zu bringen (ggf. Einstellung gemäß § 153a Strafprozessordnung gegen Zahlung einer Geldauflage). Wird absehbar, dass sich eine Einstellung des Verfahrens nicht erreichen bzw. eine Verurteilung nicht verhindern lässt, sollte versucht werden, mit der Staatsanwaltschaft den Erlass eines sogenannten Strafbefehls abzustimmen, da in diesem Fall die Durchführung einer Hauptverhandlung entbehrlich wird.

5 Was ist wichtig im zivilrechtlichen Arzthaftungsprozess?

Annika Eichhorn; Maximilian Warntjen

5.1 Einleitung

Der vorliegende Beitrag soll einerseits dem klagenden Patienten einen Einblick in das Verfahren vor den Zivilgerichten geben. Zum anderen wird die Perspektive des Arztes einbezogen, der auf Beklagtenseite Beteiligter des Prozesses ist. Der Beitrag beschränkt sich dabei auf die Darstellung des (außer)gerichtlichen Güteverfahrens sowie der zivilprozessualen Besonderheiten im Arzthaftungsprozess. Es handelt sich hierbei lediglich um einen Überblick, welcher keinen Anspruch auf Vollständigkeit erhebt.

Häufig kann Streit zwischen Arzt und Patient außergerichtlich beigelegt werden. Dies ist insbesondere dann der Fall, wenn – zumeist unter Einbeziehung der hinter dem Arzt stehenden Berufshaftpflichtversicherung – ein außergerichtlicher Vergleich geschlossen werden kann.

(Gute) Gründe für eine solche außergerichtliche Einigung gibt es viele: Der Patient vermeidet mit der Annahme der ihm angebotenen Vergleichssumme das Risiko, am Ende eines nicht selten jahrelangen Prozesses mit leeren Händen dazustehen. Und auch der Arzt bzw. seine Versicherung bevorzugt es häufig, mit einer „Kulanzzahlung" die Sache zu beenden und ein aufwändiges, kostenintensives Gerichtsverfahren zu vermeiden. Hinzu kommen für beide Seiten die nicht zu unterschätzenden Belastungen, die mit einer prozessualen Streitigkeit verbunden sind. Angesprochen sind hier nicht lediglich die finanziellen Belastungen (Kosten entstehen nicht nur durch die – vor dem Landgericht zwingend notwendige – Beauftragung von Anwälten, sondern es fallen zusätzlich Gerichtskosten, Sachverständigenkosten etc. an.), sondern auch der nervliche und zeitliche Tribut, u.a. durch Gerichtstermine, die Befassung mit Gutachten usw.

Gelingt eine solche außergerichtliche Einigung nicht, bleibt dem Patienten als letzte Option, Klage vor dem Zivilgericht zu erheben. In Arzthaftungsprozessen liegt der Streitwert meistens über 5 000 €, sodass das Landgericht zuständig ist (vgl. §§ 23 Nr. 1, 71 Abs. 1 GVG). Ist die Zuständigkeit des Landgerichts begründet, müssen sich die Parteien durch einen Rechtsanwalt vertreten lassen (vgl. § 78 Abs. 1 ZPO). Seit den 1970er-Jahren haben Arzthaftungsprozesse erheblich zugenommen, sodass aufgrund der Komplexität der Sachverhalte und der Besonderheiten der Beweisführung vermehrt spezielle Arzthaftungskammern und -senate eingerichtet wurden.[1] Abweichend von dem Grundsatz, dass die Zivilkammer in der ersten Instanz durch eines ihrer Mitglieder als Einzelrichter entscheidet, gilt bei Streitigkeiten über Ansprüche aus Heilbehandlungen gemäß § 348 Abs. 1 Nr. 2e ZPO, dass anstelle des Einzelrichters die Zivilkammer mit drei Berufsrichtern entscheidet.

5.2 (Außer)gerichtliche Güteverhandlung

Zur Entlastung der Ziviljustiz ist dem zivilgerichtlichen Verfahren ein Güteverfahren vorgeschaltet. In einigen Bundesländern wird die Zulässigkeit der Klage von der vorherigen Durchführung eines außergerichtlichen Güteverfahrens abhängig gemacht. Diese Regelung ist in Arzthaftungsprozessen jedoch von geringer Relevanz, da meist Streitwerte über 5 000 € geltend gemacht werden, das obligatorische Güteverfahren gemäß § 15a Abs. 1 Nr. 1 EGZPO allerdings nur bei einem Streitwert von bis zu 750 € durchgeführt werden muss.

Hat eine einvernehmliche Streitbeilegung der Parteien vor einer Gütestelle nicht stattgefunden, führt das Gericht gemäß § 278 Abs. 2 ZPO vor Einleitung der mündlichen Verhandlung eine Güteverhandlung durch. Diese findet entweder im Rahmen eines sogenannten „frühen ersten Termins" oder – bei Anordnung des schriftlichen Vorverfahrens – im Haupttermin statt. Hierzu ordnet das Gericht das Erscheinen der Parteien an, um den Sach- und Streitstand zu erörtern. Erscheint eine der Parteien nicht, kann das Gericht gemäß § 141 Abs. 3 ZPO Ord-

[1] Ulsenheimer in: Laufs/Kern, Handbuch des Arztrechts, 4. Aufl. 2010, § 114, Rdnr. 1.

nungsmittel ergreifen. Der Ablauf der Güteverhandlung entspricht dabei im Wesentlichen dem einer mündlichen Verhandlung. Die erschienenen Parteien sollen hierzu persönlich gehört werden (vgl. § 278 Abs. 2 S. 3 ZPO). Die Güteverhandlung ist auf das Erreichen eines prozessbeendenden Vergleichs ausgerichtet. Ein solcher Vergleich wird in diesem frühen Verfahrensstadium aber selten erreicht. Nachdem in aller Regel zuvor eine außergerichtliche Einigung nicht erzielt werden konnte, sind die Parteien zumeist (noch) nicht bereit, von ihrer Position abzurücken.

Sofern weder außergerichtliche Verhandlungen, noch die gerichtliche Güteverhandlung zu einer einvernehmlichen Konfliktbeilegung geführt haben, eröffnet das Gericht von Amts wegen oder auf Antrag eines Prozessbeteiligten den Prozess. Kernstück des gerichtlichen Verfahrens ist dabei die mündliche Verhandlung (Haupttermin).

5.3 Besonderheiten im Arzthaftungsprozess

Aufgrund der ungleichen Verteilung des Zugangs der Parteien zum Prozessstoff und des daraus resultierenden Informationsgefälles zwischen Arzt und Patient haben sich im Arzthaftungsprozess spezielle – vom normalen Zivilprozess abweichende – prozessuale Besonderheiten entwickelt. Diese sollen als Ausdruck des verfassungsrechtlich verankerten Grundsatzes zur Einhaltung der „prozessualen Waffengleichheit" einen Ausgleich zwischen den widerstreitenden Interessen ermöglichen.[2] Aufgrund des Informationsvorsprunges des Arztes kommt der Verjährung, den Prozessförderungs- und Fürsorgepflichten des Gerichts sowie speziellen Beweisregeln eine besondere Bedeutung zu.

5.3.1 Verjährung von Arzthaftungsansprüchen

Der Patient wird mit seiner Klage vor Gericht nur Erfolg haben, wenn sein Schadensersatzanspruch nicht verjährt ist. Im Normalfall beträgt

---

2 Spickhoff, Medizinrecht, 2. Aufl. 2014, ZPO, Rdnr. 12; ausführlich und mit Nachweisen zur Rechtsprechung Martis/Winkhart, Arzthaftungsrecht, 5. Aufl. 2018, S. 1288 ff.

die Verjährungsfrist drei Jahre und beginnt gemäß § 195 i.V.m. § 199 Abs. 1 Nr. 2 BGB mit dem Schluss des Jahres, in dem der Anspruch entstanden ist und der Geschädigte von den Umständen, die den Anspruch begründen, und der Person des Schädigers Kenntnis erlangt hat oder ohne grobe Fahrlässigkeit hätte erlangen müssen. Der Schadensersatzanspruch entsteht frühestens mit der fehlerhaften Behandlung. Der negative Ausgang einer ärztlichen Behandlung begründet für sich gesehen dagegen noch keine Kenntnis vom Schaden.[3] Vielmehr „gehört zur Kenntnis der den Anspruch begründenden Tatsachen das Wissen, dass sich in dem Misslingen der ärztlichen Tätigkeit das Behandlungs- und nicht das Krankheitsrisiko verwirklicht hat".[4]

Nach ständiger Rechtsprechung des BGH beginnt die regelmäßige Verjährungsfrist nicht zu laufen, bevor nicht der Patient als medizinischer Laie Kenntnis von Tatsachen erlangt hat, aus denen sich ergibt, dass der Arzt von dem üblichen ärztlichen Vorgehen abgewichen ist oder Maßnahmen nicht getroffen hat, die nach ärztlichem Standard zur Vermeidung oder Beherrschung von Komplikationen erforderlich gewesen wären.[5]

„Diese Kenntnis ist erst vorhanden, wenn die dem Anspruchsteller bekannten Tatsachen ausreichen, um den Schluss auf ein schuldhaftes Fehlverhalten des Anspruchsgegners und auf die Ursache dieses Verhaltens für den Schaden [...] als naheliegend erscheinen zu lassen."[6]

Schadensersatzansprüche aufgrund eines ärztlichen Behandlungsfehlers verjähren allerdings – ohne Rücksicht auf die Kenntnis oder grob fahrlässige Unkenntnis des Patienten – spätestens nach 30 Jahren (§ 199 Abs. 2 BGB).

---

[3] BGH, Urt. v. 03.02.1998 – VI ZR 356/96 = NJW 1998, 2736.
[4] BGH, Urt. v. 10.11.2009 – VI ZR 247/08 = MedR 2010, 258.
[5] BGH, Urt. v. 10.11.2009 – VI ZR 247/08 = MedR 2010, 258.
[6] BGH, Urt. v. 10.11.2009 – VI ZR 247/08 = MedR 2010, 258.

5.3.2 Anforderungen an den Sachvortrag/erleichterte Substanziierungspflichten

Grundsätzlich gilt im zivilgerichtlichen Verfahren der Beibringungsgrundsatz, d. h. die Parteien bestimmen den Prozessstoff. Jede Partei muss dabei die für sie günstigen und für die Entscheidung zu berücksichtigenden Tatsachen vortragen und unter Beweis stellen. Das Gericht darf schließlich nur die von den Parteien vorgetragenen Tatsachen seiner Entscheidung zugrunde legen. Für den klagenden Patienten bedeutet dies, dass er die zur Begründung seines Anspruches notwendigen Tatsachen schlüssig substantiiert darlegen und beweisen muss. Mangels entsprechender Sachkunde und ausreichender Detailkenntnisse steht der Patient hier allerdings vor der Schwierigkeit, einen medizinisch substantiierten Sachvortrag liefern zu können. Vor allem der Nachweis eines Verstoßes gegen den jeweiligen fachmedizinischen Standard und dessen Ursächlichkeit für die eingetretene gesundheitliche Folge (Kausalitätsnachweis) sind für ihn schon mangels einschlägiger Fachkenntnis nicht einfach.[7]

Die ständige Rechtsprechung stellt vor diesem Hintergrund an die Substantiierungspflicht der klagenden Partei nur maßvolle und verständige Anforderungen.[8] Im Arzthaftungsprozess besteht damit nur eine erleichterte Substantiierungspflicht des Patienten. Erforderlich ist ein „Mindestmaß an nachvollziehbarem Vorbringen". Dieses soll „in groben Zügen erkennen lassen, welches ärztliche Verhalten fehlerhaft gewesen und welcher Schaden hieraus entstanden sei".

Die klagende Partei muss damit keine medizinischen Einzelheiten vortragen, sondern hat nur die Verdachtsgründe für den vermuteten Behandlungsfehler darzulegen.[9] Nicht ausreichend ist es aber, lediglich „ins Blaue hinein" Vermutungen anzustellen oder allein aus dem Misslingen einer Heilbehandlung einen Verstoß gegen die Regeln der ärztlichen Kunst abzuleiten. Der Arzt schuldet nämlich lediglich eine kunstgerechte Heilbehandlung und keinen Behandlungserfolg.

---

7 Ulsenheimer in: Laufs/Kern, Handbuch des Arztrechts, 4. Aufl. 2010, § 114, Rdnr. 1.

8 BGH, Urt. v. 08.07.2008 - VI ZR 259/06 = NJW 2008, 2846.

9 OLG Hamm, Urt. v. 07.12.2009 - 3 U 75/09.

5.3.3 Fürsorgepflichten des Gerichts/Amtsermittlung

Als Ausnahme vom Beibringungsgrundsatz hat sich im Arzthaftungsprozess eine verstärkte Pflicht des Gerichts zur Amtsermittlung herausgebildet, d. h. das Gericht hat die für die Entscheidung erforderlichen Tatsachen verstärkt selbst zu ermitteln. Die Pflicht zur Amtsermittlung verpflichtet aber auch die Parteien, „ihrerseits zu einer zügigen und umfassenden Aufklärung des Streitstoffes beizutragen".[10]

Die in § 139 ZPO geregelte Pflicht des Gerichts zur Aufklärung und zur Erörterung des Prozesses in rechtlicher sowie tatsächlicher Hinsicht (sogenannte materielle Prozessleitung) findet im Arzthaftungsprozess eine extensive Auslegung. Im Rahmen der in § 139 ZPO verankerten richterlichen Hinweis- und Aufklärungspflicht hat das Gericht auf einen vollständigen, widerspruchsfreien Vortrag und sachdienliche Anträge hinzuwirken, Hinweise zu erteilen und die Sach- und Rechtslage mit den Parteien zu erörtern. „Gerichtliche Hinweispflichten dienen der Vermeidung von Überraschungsentscheidungen und konkretisieren den Anspruch der Parteien auf rechtliches Gehör."[11]

Der Richter hat folglich dafür Sorge zu tragen, dass die entscheidungserheblichen Tatsachen von den Parteien – insbesondere dem Patienten als medizinischen Laien – verstanden und von allen erkannt werden.[12]

Ergeben sich aus dem Vortrag der Gegenseite oder einem eingeholten Sachverständigengutachten neue Ansatzpunkte für die Patientenseite, so hat das Gericht seiner Prüf- und Erörterungspflicht selbst dann nachzukommen, wenn die klägerische Partei den neuen Ansatzpunkt nicht erkannt und ihn sich nicht zu eigen gemacht hat.[13] Dies folgt aus dem verfassungsrechtlich verankerten Gebot auf Gewährleistung rechtlichen Gehörs gem. Art. 103 Abs. 1 GG. Ein einseitig die Interessen der Patientenseite berücksichtigendes Gericht wird sich allerdings dem Vorwurf der Befangenheit ausgesetzt sehen.

---

10 OLG Hamburg, Urt. v. 15.09.1995 - 1 U 17/95.

11 BVerfG, Beschl. v. 29.05.1991 – 1 BvR 1383/90.

12 Wenzel, Der Arzthaftungsprozess, 2012, Kapitel 2, Rdnr. 3489.

13 Wenzel in: Wenzel, Der Arzthaftungsprozess, Rdnr. 3490.

Das Gericht ist auch verpflichtet, auf die Aufklärung sich widersprechender Sachverständigengutachten oder sachverständiger Aussagen hinzuwirken.[14]

Aus der Prozessförderungspflicht folgt weiter die Pflicht des Gerichts, „bei Erhebung von Sachverständigenbeweis in aller Regel zweckmäßigerweise die Krankenunterlagen vor Einholung des Gutachtens beizuziehen und dem Sachverständigen zugänglich zu machen".[15] Im Interesse einer frühzeitigen Sachaufklärung kann das Gericht „die Vorlegung von Urkunden und sonstigen Unterlagen unabhängig von einem Beweisantritt einer Partei anordnen, wenn sich eine Partei auf diese Urkunden oder Unterlagen bezogen hat, wozu auch die Erwähnung einer Behandlung ausreichen kann".[16]

Gemäß § 142 Abs. 1 ZPO kann das Gericht Krankenunterlagen, die sich im Besitz eines Dritten (Ärzte, Kliniken etc.) befinden, anfordern.[17]

Von besonderer Bedeutung gerade im arzthaftungsrechtlichen Zivilprozess ist das Hinwirken des Gerichts auf einen sachdienlichen Antrag der Patientenseite (der Arzt beantragt regelmäßig „nur" Klageabweisung). Hintergrund ist folgende Schwierigkeit: Häufig sind die Schadensfolgen noch nicht klar absehbar. Hier besteht die Gefahr, dass die Patientenseite ihren Klageantrag lediglich an den bereits bekannten Beeinträchtigungen orientiert. Von der Rechtskraft des erstinstanzlichen Urteils sind aber auch diejenigen Schadenfolgen erfasst, welche zum Zeitpunkt des Prozesses bereits objektiv erkennbar und vorhersehbar waren. Hier hat das Gericht die Pflicht, das Begehren des klagenden Patienten aufzuklären und ggf. Einfluss auf eine sachdienliche Antragstellung zu nehmen. Schließlich ist es rechtlich zulässig, im Rahmen einer offenen Teilklage nur einen Teilbetrag des Schmerzensgeldes in Höhe der zum Zeitpunkt des Prozesses bereits eingetretenen Verletzungsfolgen geltend zu machen und im Übrigen Feststellungsklage hinsichtlich der Ersatzpflicht zukünftiger Verletzungsschäden zu erheben.

---

14 BGH, Urt. v. 16.06.2015 – VI ZR 332/14 = GesR 2015, 539.

15 OLG Oldenburg, Urt. v. 06.02.1996 - 5 U 134/95.

16 OLG Oldenburg, Urt. v. 06.02.1996 - 5 U 134/95.

17 Reichold in: Thomas/Putzo, Zivilprozessordnung, § 142 Rdnr. 1.

5.3.4 Beweisaufnahme/Beweismittel im Arzthaftungsprozess

Selbstständiges Beweisverfahren

Lange Zeit war umstritten, ob die Durchführung eines selbstständigen Beweisverfahrens gemäß § 485 Abs. 2 ZPO im Arzthaftungsrecht zulässig ist, der BGH hat dies mittlerweile bejaht.[18] Das selbstständige Beweisverfahren bezweckt eine vorsorgliche Beweissicherung vor Beginn eines möglichen Prozesses, also die Vorwegnahme einer Beweisaufnahme außerhalb eines gerichtlichen Verfahrens. In Betracht kommt es vor allem, wenn die Gefahr besteht, dass ein Beweismittel verloren geht oder seine Benutzung erschwert wird.

Beweismittel

Als Beweismittel kommen im Zivilprozess Sachverständige, Urkunden, Parteivernehmung, Zeugen und Augenscheinsobjekte in Betracht. Im Arzthaftungsprozess sind jedoch vor allem der Sachverständigenbeweis (Befragung des Sachverständigen und Sachverständigengutachten), Urkundsbeweis und die Parteivernehmung relevant. Hierbei hat der Sachverständigenbeweis eine zentrale, meist streitentscheidende Bedeutung.

Sachverständigenbeweis

Durch die Einholung eines Sachverständigengutachtens soll festgestellt werden, ob der Arzt einen Behandlungsfehler begangen hat und ob der Behandlungsfehler kausal für die Gesundheitsschädigung des Patienten ist. Der Sachverständige wird dabei als Hilfsorgan des Gerichts im Zivilprozess tätig.

Die sachverständige Beratung des Gerichts zur Klärung und Beurteilung beweiserheblicher Tatsachen ist mangels ausreichender eigener Fachkunde des Gerichts in der Regel unverzichtbar.

Nur in sehr seltenen Fällen kann das Gericht aufgrund richterlicher Sachkunde über einen medizinischen Sachverhalt samt Schadensfol-

[18] Urt, v. 21.01.2003 - VI ZB 51/02.

gen entscheiden. In diesen Fällen hat es im Urteil überprüfbar darzulegen, worauf die medizinische Sachkunde beruht. Das Selbststudium allgemeiner medizinischer Fachliteratur und persönliche Erfahrungen begründen dagegen keine eigene Sachkunde des Gerichts und können ein Sachverständigengutachten keineswegs ersetzen.[19]

Die Auswahl des Sachverständigen erfolgt nach § 404 ZPO. Der Sachverständige ist bezüglich der Behandlungsfehlerfrage aus dem medizinischen Fachgebiet auszuwählen, in welches der vorgeworfene schädigende Eingriff fällt bzw. dem der beklagte Arzt angehört.[20] Dagegen kann die Beurteilung der Kausalität zwischen einem Behandlungsfehler und der eingetretenen Schädigung die Einholung eines Gutachtens aus einem anderen Fachgebiet erforderlich machen.

Gemäß § 411 Abs. 3 ZPO kann das Gericht den Sachverständigen zur Erläuterung seines Gutachtens zur mündlichen Verhandlung laden. Ein Erscheinen des Sachverständigen vor Gericht hat zu erfolgen, wenn trotz erschöpfenden und eindeutig schriftlich erstatteten Gutachtens eine der Parteien von ihrem Anspruch auf Gewährleistung rechtlichen Gehörs und ihrem Recht auf mündliche Anhörung Gebrauch macht, um aus ihrer Sicht noch offene, erläuterungsbedürftige Gesichtspunkte abzufragen und zu klären.[21]

In einer Entscheidung des 6. Zivilsenats des BGH[22] heißt es u. a.:

„Der erkennende Senat hat wiederholt ausgeführt, dass gerade in Arzthaftungsprozessen Äußerungen medizinischer Sachverständiger kritisch auf ihre Vollständigkeit und Widerspruchsfreiheit zu prüfen sind. Das gilt sowohl für Widersprüche zwischen einzelnen Erklärungen desselben Sachverständigen als auch für Widersprüche zwischen Äußerungen mehrerer Sachverständiger, selbst wenn es dabei um Privatgutachten geht." Eine weitere Aufklärung des Sachverhaltes kann „einer Partei im Arzthaftungsprozess nicht deswegen verwehrt werden, weil sie kein

[19] BGH, Urt. v. 23.03.1993 – VI ZR 26/92 = NJW, 1993, 2378.
[20] Ulsenheimer in: Laufs/Kern, Handbuch des Arztrechts, 4. Aufl. 2010, § 114, Rdnr. 16.
[21] BGH, Beschl. v. 25.09.2007 – VI ZR 157/06.
[22] Urt. v. 21.01.2009 – VI ZR 170/08.

dem gerichtlichen Sachverständigengutachten entgegenstehendes Privatgutachten vorgelegt oder einen anderen Sachverständigen nicht benannt hat. [......] Ausreichend ist, dass neue und ernst zu nehmende Bedenken gegen Teile des Gutachtens erhoben werden. Dem entspricht die Pflicht des Gerichtes, von sich aus verbleibende Zweifel zu klären."

Im Wege des Urkundenbeweises können neben Sachverständigengutachten auch Gutachten aus einem vorangegangenen Schlichtungsverfahren Verwendung finden. Die Parteien haben die Möglichkeit, hiergegen Einwände (z.B. wegen Mängeln bzw. Widersprüchen im Gutachten etc.) zu erheben und eine unmittelbare Beweisaufnahme zu verlangen.

Privatgutachten – zum Beispiel solche des Medizinischen Dienstes der Krankenversicherung (MDK) – können dagegen nur als sogenannter qualifizierter Parteivortrag in den Prozess eingeführt werden. Ein qualifizierter Parteivortrag ist allerdings kein Beweismittel, sondern bezweckt lediglich, den eigenen Standpunkt argumentativ zu untermauern bzw. sich mit einem bereits eingeholten Sachverständigengutachten kritisch auseinanderzusetzen.

Parteivernehmung

Wenn das Ergebnis der Beweisaufnahme für das Gericht nicht eindeutig ist, kommt gerade der Vernehmung der Partei nach § 448 ZPO oder Anhörung der Partei nach § 141 ZPO eine wichtige praktische Bedeutung zu. „Da die Patientenaufklärung regelmäßig ohne Hinzuziehung von Zeugen stattfindet, kann oftmals nur die Wiedergabe des Aufklärungsgespräches durch Arzt und Patient bezüglich Inhalt, Verlauf, Zeitpunkt, Art und Weise, Dokumentation, übliche Praxis u. a. den letzten noch fehlenden Mosaikstein für die richterliche Überzeugungsbildung in diesem Bereich bringen."[23]

---

[23] Ulsenheimer in: Laufs/Kern, Handbuch des Arztrechts, 4. Aufl. 2010, § 114, Rdnr. 9.

Urkunden

Wie bereits (siehe Absatz Beweismittel) erwähnt, können im Wege des Urkundsbeweises (§§ 415 ff. ZPO) bereits existierende Gutachten der Schlichtungsstelle oder Gutachterkommission im Zivilprozess vorgelegt werden. Diese können ein Sachverständigengutachten allerdings nur ersetzen, wenn sie sich inhaltlich ausreichend mit den streitentscheidenden Fragen auseinandersetzen. In aller Regel wird aber zumindest eine Partei – nämlich die, zu deren Ungunsten das Gutachten ausgefallen ist – die Einholung eines gerichtlichen Sachverständigengutachtens beantragen und dies mit Unzulänglichkeiten der bereits vorliegenden Expertise begründen.

Beweislast

Grundsätzlich trägt der Patient nicht nur die Beweislast für den behaupteten Behandlungsfehler des Arztes. Er muss darüber hinaus den kausalen Zusammenhang zwischen Behandlungsfehler und der eingetretenen Beeinträchtigung (sog. Kausalität) nachweisen. Von der Rechtsprechung entwickelt und mittlerweile durch den Gesetzgeber des Patientenrechtegesetzes anerkannt sind allerdings diverse Änderungen der Beweislastverteilung. Diese reichen von Beweiserleichterungen für die Patientenseite bis zur Beweislastumkehr. Beispielhaft zu nennen ist die Beweislastumkehr bei groben Behandlungsfehlern oder bei sog. voll beherrschbaren Risiken (Lagerungsschäden, Sturz im Krankenhaus, medizinische Geräte).

Für Aufklärungsfehler trägt dagegen nicht der Patient die Beweislast, sondern der Arzt muss nachweisen, dass er den Patienten ordnungsgemäß aufgeklärt hat. An dieser Stelle kommt der ärztlichen Dokumentation große Bedeutung zu: Ist nämlich „einiger Beweis", z. B. durch einen vom Patienten unterzeichneten Aufklärungsbogen für ein tatsächlich durchgeführtes Aufklärungsgespräch erbracht, so soll dem Arzt „im Zweifel geglaubt" werden, dass die Aufklärung ordnungsgemäß erfolgt ist. Dies gilt sogar dann, wenn der Arzt sich nicht mehr an das konkrete Aufklärungsgespräch zu erinnern vermag.

Den Beweis, dass der eingetretene Schaden gerade auf den mangels ordnungsgemäßer Aufklärung rechtswidrigen Eingriff zurückzuführen ist, muss dagegen nach wie vor der Patient führen. Hat der Patient einen auf ein Aufklärungsversäumnis zurückzuführenden Schaden erlitten, kann der Arzt einwenden, der Patient hätte im Falle einer ordnungsgemäßen Aufklärung in den Eingriff eingewilligt (sog. hypothetische Einwilligung), so dass der Aufklärungsfehler nicht kausal für den Schaden geworden sei.

5.4 Instanzenzug

Die unterlegene Partei kann gegen das Urteil der ersten Instanz Berufung und gegen das Berufungsurteil das Rechtsmittel der Revision einlegen. Ist erstinstanzlich das Landgericht zuständig, wird Berufung beim Oberlandesgericht und Revision beim Bundesgerichtshof eingelegt. Ist dagegen das Amtsgericht erste Instanz, findet die Berufung vor dem Landgericht und die Revision vor dem Oberlandesgericht statt. Im Berufungsverfahren wird der Rechtsstreit in rechtlicher und tatsächlicher Hinsicht neu verhandelt; die Revisionsinstanz beschränkt sich dagegen nur noch auf die Prüfung, ob die Entscheidung der Berufungsinstanz auf einer Rechtsverletzung beruht (§ 545 Abs. 1 ZPO).

5.5 Kosten

Ob ein Arzthaftungsprozess angestrebt wird, sollte grundsätzlich gut überlegt sein. Generell sind gerichtliche Verfahren – insbesondere Arzthaftungsverfahren – mit erheblichen finanziellen Risiken verbunden. Verliert der Patient den Prozess, hat er die Kosten seines Rechtsanwaltes, die Anwaltskosten der Gegenseite sowie die Gerichtskosten zu tragen. Die Höhe der Gerichts- und Anwaltskosten bemisst sich dabei nach dem zugrunde liegenden Streitwert (= eingeforderter Schmerzensgeld- und Schadensersatzbetrag). Die Gerichtskosten sind als Verfahrensgebühr in dreifacher Höhe bereits bei Einreichung der Klage als Vorschuss durch den Kläger zu leisten. Überdies fallen Kosten für die Einholung des Sachverständigengutachtens und gegebenenfalls weiterer Rechtsmittel (Berufung und Revision) ins Gewicht.

Der Patient hat die Möglichkeit, beim Gericht einen Antrag auf Prozesskostenhilfe zu stellen. Diese kann versagt werden, wenn die Klageerhebung mutwillig ist. § 114 S. 1 ZPO postuliert dabei folgende Voraussetzungen für die Gewährung von Prozesskostenhilfe:

„Eine Partei, die nach ihren persönlichen und wirtschaftlichen Verhältnissen die Kosten der Prozessführung nicht, nur zum Teil oder nur in Raten aufbringen kann, erhält auf Antrag Prozesskostenhilfe, wenn die beabsichtigte Rechtsverfolgung oder Rechtsverteidigung hinreichende Aussicht auf Erfolg bietet und nicht mutwillig erscheint."

Der Geschädigte muss somit einen schlüssigen Tatsachenvortrag präsentieren, welcher den durchzusetzenden Anspruch und dessen Beweisführung als berechtigt erscheinen lässt.[24] Der Patient hat weder die Pflicht, Krankenunterlagen vorzulegen, vorprozessuale Gutachten einzuholen, noch darf die Erhebung der Klage nach herrschender Auffassung von einer vorherigen Durchführung eines Güteverfahrens vor der Schlichtungs- und Gutachterstelle abhängig gemacht werden. Andernfalls würde ein für den Patienten freiwilliges Verfahren aus kostenrechtlichen Gründen zum Zwang.[25]

[24] Ulsenheimer in: Laufs/Kern, Handbuch des Arztrechts, § 114, 4. Aufl. 2010, Rdnr. 22.

[25] Spickhoff, Medizinrecht, 2. Aufl. 2014, ZPO, Rdnr. 37.

6 Wie kann die gesetzliche Krankenversicherung Betroffenen weiterhelfen: Das Behandlungsfehlermanagement der AOK Bayern

Dominik Schirmer

6.1 Grundsätzliches zum Behandlungsfehlermanagement

Trotz der immer fortschreitenden medizinischen Entwicklungen durch Forschung, technische Innovationen und modernster Ausbildung des medizinischen Fachpersonals kommt es immer wieder vor, dass durch einen medizinischen oder pflegerischen Eingriff ein unerwünschtes Ereignis eintritt. Es ist dann wichtig zu unterscheiden, ob ein Behandlungsfehler vorliegt oder ob es sich um eine aufgeklärte Komplikation z. B. im Rahmen einer Operation handelt. Nicht zuletzt gewinnen deshalb die Weiterentwicklung der Patientenrechte einerseits und auch der für medizinische und pflegerische Leistungserbringer geltenden gesetzlichen Grundlagen des Haftungsrechts andererseits immer mehr an Bedeutung. Patientinnen und Patienten hinterfragen die Tätigkeiten ihrer Ärzte und weiterer Behandler zunehmend und haben – zu Recht – einen kritischeren Blick auf medizinische und pflegerische Leistungen.

Die Durchsetzung von Schadensersatzansprüchen wegen medizinischer Behandlungsfehler ist für die Betroffenen unter Umständen mit einem erheblichen zeitlichen und auch finanziellen Aufwand sowie weiteren daraus resultierenden, nicht zu unterschätzenden persönlichen Belastungen verbunden. Nicht zuletzt, da die Betroffenen den Behandlungsfehler beweisen müssen. Dies kann geschädigte Versicherte von der Verfolgung ihnen zustehender Rechte, insbesondere einer gerichtlichen Auseinandersetzung, abhalten, weshalb der Gesetzgeber eine Unterstützung durch die Krankenkassen für angebracht hielt.

Mit der Norm des § 66 SGB V hat der Gesetzgeber die Krankenkassen beauftragt, ihre Versicherten zu unterstützen, wenn sie aufgrund eines Behandlungsfehlers Schadensersatzansprüche durchsetzen wollen. Hierbei handelte es sich ursprünglich um eine „Kann-Vorschrift". Seit Inkrafttreten des Gesetzes zur Verbesserung der Rechte von Patientinnen und Patienten (PatRG) am 26. Februar 2013 „sollen" Krankenkassen ihre Versicherten bei Verdacht auf einen Behandlungsfehler unterstützen, damit diese mögliche Schadensersatzansprüche beim Verursacher des Behandlungsfehlers geltend machen können und dem Schädiger bzw. dessen Haftpflichtversicherung auf Augenhöhe begegnen können. Damit fordert der Gesetzgeber, dass die Krankenversicherungen nur in gut begründeten Fällen von einer Unterstützung absehen können. Denn die ursprüngliche Formulierung des § 66 SGB V war nur als „Kann-Vorschrift" formuliert.

6.2 Definition Behandlungsfehler

Ein Behandlungsfehler im juristischen Sinne liegt vor, wenn die Behandlung nicht dem aktuellen medizinischen Standard entspricht. Dies kann ein Eingriff sein, für den keine medizinische Indikation vorlag, ein Operationsfehler oder ein schwerwiegender Diagnosefehler, aber auch die Unterlassung einer notwendigen Behandlung oder Befunderhebung. Auch die Aufklärung über Risiken und Alternativen eines operativen Eingriffs hat bestimmte Maßstäbe zu erfüllen. Darüber hinaus müssen die technischen Geräte einwandfrei funktionieren und die Funktionsfähigkeit muss stets überwacht werden. Pflegebedürftige Patienten müssen unter Anwendung von Pflegestandards z. B. vor dem Wundliegen, dem sogenannten Dekubitus, geschützt werden.

Der schwerste Fall eines Behandlungsfehlers, der sog. grobe Behandlungsfehler, liegt nach Definition des Bundesgerichtshofs (BGH) dann vor, wenn der Behandelnde eindeutig gegen bewährte medizinische Behandlungsregeln und gesicherte medizinische Erkenntnisse verstoßen und einen Fehler begangen hat, der aus objektiver Sicht, nicht nach dem Grad der subjektiven Vorwerfbarkeit, nicht mehr verständlich erscheint, weil er einem Behandelnden schlechterdings nicht unterlaufen darf. Bei einem groben Behandlungsfehler tritt eine Umkehr der Beweislast ein, sodass der Behandler in der Pflicht ist, nachzuweisen, dass der von ihm verursachte Fehler nicht kausal für den Gesundheitsschaden des Patienten ist. Dies gilt auch, wenn es sich um einen Befunderhebungsfehler oder um ein vom Krankenhaus voll beherrschbares Risiko handelt.

Wie oben bereits erwähnt, kann aber nicht bereits deshalb von einem Behandlungsfehler ausgegangen werden, weil der erhoffte Erfolg einer Behandlung nicht eingetreten ist. Jede Behandlung birgt unabhängig vom Fehlerpotenzial Risiken in sich. Treten diese Risiken ein, spricht man von einem „schicksalhaften Verlauf".

6.3 Das Behandlungsfehlermanagement der AOK Bayern

Bereits lange vor der gesetzlichen Verpflichtung, nämlich seit September 2000, unterstützen erfahrene Patientenberaterinnen und Patientenberater Versicherte der AOK Bayern bei Verdacht auf Vorliegen eines Behandlungsfehlers. Es ist erklärter Wille und Selbstverpflichtung der AOK Bayern, auf Basis der gesetzlichen Regelung und ausdrücklich sogar darüber hinausgehend, zur Unterstützung der Versicherten bei vermuteten Behandlungsfehlern ein gesteuertes, koordiniertes Verfahren bereitzustellen, um einen effektiven Patientenschutz zu gewährleisten.

In der AOK Bayern koordiniert der Bereich Verbraucherschutz das gesamte Behandlungs-, Pflege-, und Medizinproduktefehlermanagement. Aus Gründen der Qualitätssicherung wurde eine besondere Organisationseinheit, die Patientenberatung, mit zwei spezialisierten Fachteams und derzeit 18 Mitarbeiterinnen und Mitarbeitern an den Standorten Bamberg und Ingolstadt geschaffen.

Ein erfolgreiches Behandlungsfehlermanagement erfordert empathisches Personal mit Expertise in einem Spezialgebiet und Kommunikationsfähigkeiten in einer sehr besonderen Situation des Versichertenkontakts. Die Patientenberaterinnen und Patientenberater erhalten regelmäßig Schulungen zu medizinischen und juristischen Themen, um unsere Versicherten umfassend und kompetent beraten zu können. Zur Absicherung der Fachexpertise wurde ein medizinisch-juristisches Serviceteam, bestehend aus einer Ärztin, einer Juristin sowie Referentinnen und Referenten mit einschlägiger Berufserfahrung, eingerichtet. Dieser sogenannte Fachbereich MedJur-Service ist für die kontinuierliche Optimierung der Geschäftsprozesse im Bereich Behandlungsfehler-, Pflegefehler- und Medizinproduktefehlermanagement zuständig. Er unterstützt die Patientenberatungsteams bei medizinischen und juristischen Fragen und übernimmt die Schadensregulierung von Großschadensfällen. Mit den Haftpflichtversicherungen der medizinischen Leistungserbringer finden regelmäßig Sammelbesprechungen zur außergerichtlichen Regulierung von Behandlungsfehlerfällen statt. Diese haben den Vorteil, dass die Verfahrensdauer im Gegensatz zu einer gerichtlichen Regulierung erheblich kürzer ist und die Versicherten auf Grundlage unserer Regulierung ebenfalls ihre Ansprüche geltend machen können.

6.4 Die Unterstützung der AOK Bayern

Besteht Grund zu der Annahme, dass ein Behandlungsfehler vorliegt, sollten Versicherte zunächst das Gespräch mit der Patientenberatung der AOK Bayern suchen. Die Patientenberaterinnen und -berater fungieren als Lotsen der Versicherten und geben grundlegende Informationen zum Arzthaftungsrecht, zu Verjährungsrisiken der privaten Ansprüche oder zur Sicherung privater Ansprüche wie z. B. Schmerzensgeld, etc.

Die Patientenberatung unterstützt unsere Versicherten insbesondere bei der Klärung des Sachverhalts und der Beantwortung medizinischer Fragen. Vorbereitend wird insofern ein Gedächtnisprotokoll durch die vermutlich Geschädigten mit allen relevanten Informationen erstellt. Im Anschluss fordern die Patientenberaterinnen und Patientenberater nach Erhalt einer „Schweigepflichtentbindungserklärung und Herausgabegenehmigung des Versicherten" Behandlungsunterlagen bei allen beteiligten Leistungserbringern an. Hierbei übernimmt die AOK Bayern die entstehenden Kosten.

Leider ist es nicht immer der Fall, dass trotz höchstrichterlicher Rechtsprechung das Einsichtsrecht der Versicherten in ihre Behandlungsunterlagen durch Leistungserbringer gewährt wird. Dies führt zum Teil zu erheblichen Verzögerungen in der Aufklärung der medizinischen Sachverhalte und des etwaigen Behandlungsfehlers.

Dem zentralen Schritt, der für den Versicherten kostenfreien Beauftragung des Medizinischen Dienstes der Krankenversicherungen (MDK) Bayern mit der Erstellung eines Gutachtens, wird regelmäßig eine gemeinsame sozialmedizinische Fallberatung von Krankenkasse und MDK vorgeschaltet.

Die eigentliche Anspruchsdurchsetzung kann die Krankenkasse ihren Versicherten jedoch nicht abnehmen. Gleichwohl kann mit dem Gutachten des MDK eine erste Tendenz ausgelotet werden, ob nun ein Behandlungsfehler vorliegt oder nicht. Besteht der Versichertenwunsch, den Behandlungsfehler weiterzuverfolgen, kann insofern noch auf die Hinzuziehung eines Fachanwalts für Medizinrecht verwiesen und bei der Anwaltssuche geholfen werden.

Die **Unterstützung der AOK Bayern** beinhaltet:

- die kostenfreie Einholung von Gutachten beim MDK Bayern
- die Klärung von medizinischen und pflegerischen Fragen mit Hilfe des MDK Bayern oder durch die AOK-Beratungsärztin
- mithilfe bei der Anwaltssuche (spezialisierte Rechtsanwälte)
- das Vermitteln von Kontakten zu Patientenvereinigungen oder Selbsthilfeeinrichtungen
- die Hilfe bei der Antragstellung zur Einleitung eines Verfahrens vor der Gutachterkommission der Landesärztekammer, wenn vom Versicherten gewünscht.

Weitere Angebote sind:

- die Beschaffung von Behandlungsunterlagen
- die Kostenübernahme von ärztlichen Stellungnahmen sowie von Kopierkosten
- die Beratung bei der Korrespondenz mit Anwälten und Versicherungen
- die Vermittlung zwischen Versicherten und dem Verursacher des Behandlungsfehlers bzw. dessen Haftpflichtversicherung.

Der gesamte Prozess des Ablaufes einer Behandlungsfehlerprüfung ist zusammengefasst in nachfolgendem Schaubild dargestellt:

Phase	Verfahrensschritt	Beschreibung
Einleitung der Behandlungsfehlerprüfung	Erstkontakt	Die Versichertenseite (Versicherte, Angehörige, Rechtsanwälte, etc.) nehmen persönlich, telefonisch oder schriftlich Kontakt mit der Patientenberatung der AOK Bayern auf oder aus internen Unterlagen oder Medienberichten ergibt sich der Verdacht auf einen Behandlungsfehler eines AOK-Versicherten.
	Prüfung der Unterstützungsmöglichkeiten	Durch die Patientenberatung muss die Mitgliedschaft des vermeintlich Geschädigten bzw. der Kostenträger (AOK Bayern, Berufsgenossenschaft, etc.) des vermuteten Behandlungsfehlers festgestellt werden. Die Unterstützung erfolgt jedoch unabhängig von möglichen Regressansprüchen der AOK Bayern.
	Fallanlage und Zusendung der Schweigepflichtentbindungserklärung und Herausgabegenehmigung	Wenn die Kriterien eines Behandlungsfehlers vorliegen, nimmt die Patientenberatung den Fall auf, erläutert dem Versicherten das Verfahren sowie mögliche Vorgehensweisen und übersendet die Schweigepflichtentbindungserklärung und Herausgabegenehmigung. Diese muss für die weitere Prüfung aus datenschutzrechtlichen Gründen vorliegen.
Vorbereitung der Gutachtenerstellung	Beschaffung der Behandlungsunterlagen	Anforderung der Unterlagen bei beteiligten und beschuldigten Behandlern und ggf. bei Rechtsanwälten oder Übergabe der Unterlagen von Versicherten. Die dabei entstehenden Kopierkosten werden von der AOK Bayern übernommen.
	Sozialmedizinische Fallberatung durch den MDK Bayern	Nach Eingang der Unterlagen werden diese dem MDK Bayern vorgelegt. In einer ersten Sichtung wird entschieden, ob der Verdacht eines Behandlungsfehlers bestätigt wird, bzw. ob noch weitere Standardverstöße vorliegen. Bei negativem Ergebnis wird ein Kurzgutachten mit eindeutiger Begründung erstellt und dem Versicherten übermittelt. Die Kosten für die veranlassten Stellungnahmen und Gutachten übernimmt wiederum die AOK Bayern.

MDK-Begutachtung und weiteres Vorgehen	Gutachtenerstellung durch den MDK Bayern	Nach erster Verdachtsbestätigung des Behandlungsfehlers in der sozialmedizinischen Fallberatung wird ein Gutachtenauftrag an einen unabhängigen MDK-Facharzt gesendet. Dieser prüft kritisch alle vorliegenden Unterlagen und nimmt detailliert Stellung zu den gestellten Fragen. Liegt das Ergebnis der gutachterlichen Würdigung des MDK vor, wird es nochmals durch erfahrene Mitarbeiter der Patientenberatung auf Vollständigkeit, Schlüssigkeit und Widerspruchsfreiheit gesichtet. Unstimmigkeiten werden direkt mit dem MDK geklärt. Das Ergebnis wird anschließend dem Versicherten zur Verfügung gestellt.
	Weitere Betreuung des Versicherten	Die eigentliche Anspruchsdurchsetzung muss der Versicherte selbst vornehmen. Dennoch fungiert die Patientenberatung weiterhin als Ansprechpartner bei Fragen und steht beratend bei verschiedenen Themen zur Verfügung. Bei Fällen mit Schäden über 50.000 € wird der Fall an das MedJur-Service-Team abgegeben. Dieses besteht aus einer Juristin, einer Ärztin und weiteren geschulten MitarbeiterInnen, die für die Schadensregulierung zuständig sind.

Abbildung 1: Ablauf einer Behandlungsfehlerprüfung bei der AOK Bayern

Die o.g. sozialmedizinische Fallberatung erfolgt zwischen Gutachtern des MDK (allesamt mit Facharztqualifikation) und unserer Patientenberatung. Aufgrund der steigenden Fallzahlen im Bereich Pflege hat die AOK Bayern aktuell eine eigene „sozialmedizinisch-pflegerische Fallberatung Pflege" initiiert, an welcher Pflegefachkräfte des MDK beteiligt sind. Außerdem pilotieren wir eine zusätzliche sozialmedizinische Fallberatung in der Disziplin Zahnmedizin und Kieferorthopädie. In der Begutachtung möglicher Behandlungsfehler garantiert der MDK Bayern über den Facharztstandard hinaus eine – quasi spiegelbildliche – Bewertung durch Mediziner der identischen Fachrichtung. Somit ist sichergestellt, dass Behandlungsfehler z. B. in der Neurochirurgie auch nur von Neurochirurgen und in der Pädiatrie nur von Pädiatern begutachtet werden.

6.5 Zahlen – Daten – Fakten

In den Jahren 2000 bis 2017 wurden im Behandlungsfehlermanagement (BFM) der AOK Bayern knapp 40 000 Erstberatungen durch die Patientenberaterinnen und -berater durchgeführt und dokumentiert.

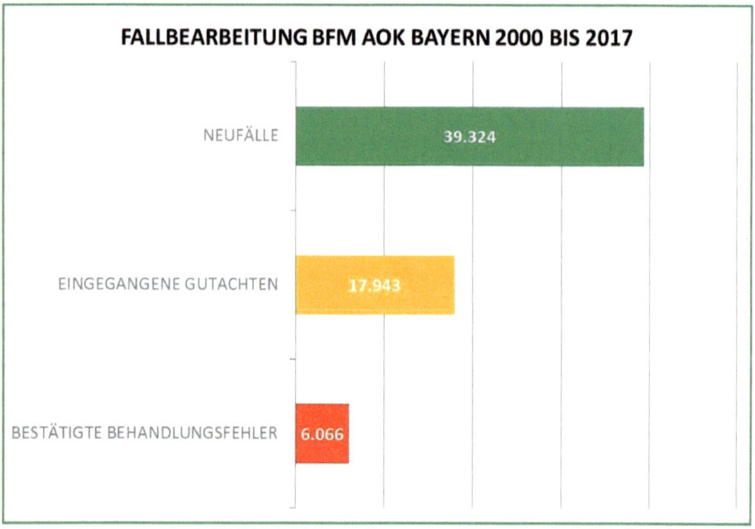

Abbildung 2: Fallbearbeitung BFM AOK Bayern 2000 bis 2017

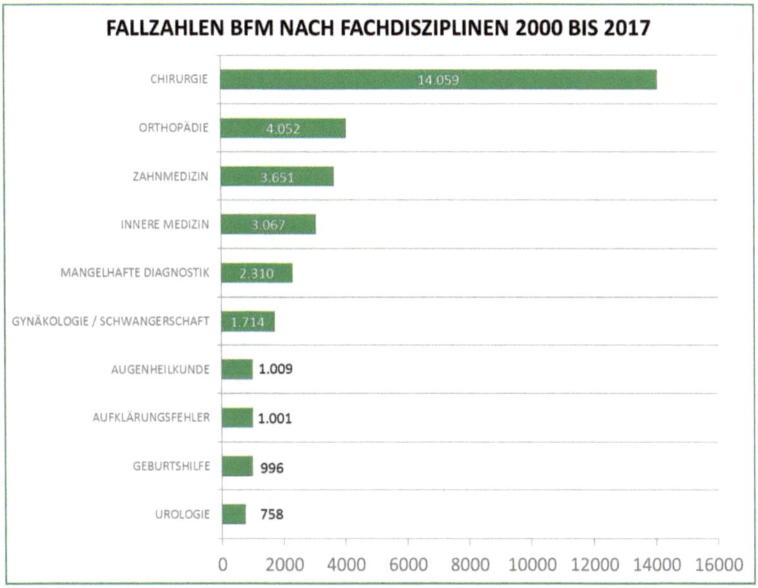

Abbildung 3: Fallzahlen BFM nach Fachdisziplinen 2000 bis 2017

In fast jedem zweiten Fall (45,6 %) wurde vom MDK Bayern ein Gutachten erstellt. Ein Behandlungsfehler wurde hierbei in jedem dritten Fall bestätigt (33,8 %), also in insgesamt 6 066 Fällen. Oder anders ausgedrückt und umgerechnet: Fast jeden Tag hat in Bayern eine Versicherte bzw. ein Versicherter der AOK einen bestätigten Behandlungs- oder Pflegefehler erlitten.

Die Fallzahlen, bezogen auf die Fachdisziplinen, zeichnen einen deutlichen Spitzenreiter ab. Im Fachbereich Chirurgie mussten 14 059 Fälle im genannten Zeitraum dokumentiert werden. Auf Platz Zwei liegt die Orthopädie (4 052 Fälle), gefolgt vom zahnmedizinischen bzw. kieferorthopädischen Bereich mit 3 651 Fällen.

Durch Ersatzleistungsansprüche, welche von der AOK Bayern gegenüber den Haftpflichtversicherern der Leistungserbringer gestellt wurden, konnte auch der Versichertengemeinschaft eine beachtliche Summe zurückgegeben werden. Die AOK Bayern macht diese Ansprüche geltend, wenn für sie durch die fehlerhafte Behandlung ebenfalls Kosten angefallen sind, die zu Unrecht oder wegen Folgebehandlungen getragen werden mussten. Somit entstehen der Solidargemeinschaft hohe Schadensbeträge, von denen im Zeitraum 2000 bis 2017 rund 99 306 000 Euro regressiert werden konnten.

Zusätzlich geht das Behandlungsfehlermanagement der AOK Bayern davon aus, dass auch die AOK-Versicherten selbst in diesem Zeitraum einen erheblichen zweistelligen Millionenbetrag an Schadensersatz und Schmerzensgeld verwirklichen konnten. Genaue Zahlen liegen hierzu leider nicht vor, da die Versicherten aus rechtlichen Gründen den Prozess um Schadensersatzansprüche alleine bestreiten müssen.

6.6 Zusammenfassung und Ausblick

Ein aktives Behandlungsfehlermanagement gepaart mit Verbraucher- und Patientenschutz ist definitiv keine Absage an das Vertrauensverhältnis, welches bei der medizinischen und pflegerischen Behandlung erforderlich ist. Vielmehr optimiert die AOK Bayern damit die Qualität und Leistungsfähigkeit des Gesundheitswesens. Patientensouveränität und Patientenpartizipation gehören dabei zu den Bausteinen einer zeitgemäßen Krankenversorgung. Die AOK Bayern will ihre Versicherten in dieser Rolle stärken.

Zur erfolgreichen Bekämpfung von Behandlungsfehlern braucht es ein konstruktives und offenes „Miteinander“. Eine lösungsorientierte Zusammenarbeit mit den beteiligten Leistungserbringern, dem MDK Bayern und vor allem mit den (potenziell) betroffenen Versicherten ist unabdingbar. Letztere haben in ganz Bayern neben der Patientenberatung Ansprechpartner in 250 Geschäftsstellen, die in solchen Belangen gerne unterstützen[26]. Zusätzlich sind weitere Informationen zum gesamten Ablauf und den rechtlichen Grundlagen im Internet zu finden[27].

---

26 Kontakt unter der kostenfreien Service-Telefonnummer 0800 2 652293 oder per E-Mail an aok-patientenberatung@by.aok.de

27 https://bayern.aok.de/inhalt/behandlungsfehler-so-hilft-die-aok-3/

Darüber hinaus werden im Behandlungsfehlermanagement der AOK Bayern Fälle identifiziert und aufgedeckt, die z. B. aufgrund von Überlastung und/oder Überforderung, zu wenig Eigeninteresse oder schlicht auch aufgrund von (falscher) Scham auf Seiten der Betroffenen ansonsten verborgen bleiben würden. Hierzu werden interne Prüfprogramme und Algorithmen eingesetzt, die z. B. auf Behandlungs- und Pflegefehler speziell im Bereich der Geburtshilfe oder auf Dekubitus, also Druckgeschwüre, abzielen.

Auch im Bereich von Medizinprodukteserienschäden – die im weiteren Sinne als Behandlungsfehler betrachtet werden können – ist die AOK Bayern „auf neuen Wegen" unterwegs. Hier setzen wir neben der Information an potenziell gefährdete und betroffene Versicherte intensiv auf eine Regulierung durch die Hersteller der fehlerhaften Medizinprodukte.

Die AOK Bayern als viertgrößte gesetzliche Krankenkasse in Deutschland dokumentiert somit durch ihr konkretes Handeln, stets Optimierungen vorzunehmen und ihr Behandlungsfehlermanagement im Interesse der Versicherten und Betroffenen stets auszubauen.

Unabdingbar ist für die AOK Bayern hierbei eine Weiterentwicklung der Patientenrechte, die mit einer Erleichterung der Darlegung der Beweislast verbunden sein muss. Erforderlich ist zudem, dass es eine bundeseinheitliche Dokumentation in Form eines „Behandlungsfehlerregisters" gibt. Als Ergebnis einer solchen koordiniert ausgewerteten Datenbank von begutachteten Fällen könnten Fehlerpräventionsstrategien entwickelt werden.

Und last but not least ist auch – ganz im Sinne des aktuellen Koalitionsvertrages der Bundesregierung – die Einführung eines Entschädigungsfonds für von Behandlungsfehlern geschädigte Menschen zum Ausgleich von Härtefällen erforderlich. Die AOK Bayern wird sich insofern auch auf diesem Feld gegenüber Politik und Gesetzgeber im Interesse der Betroffenen einmischen.

7 Möglichkeiten und Grenzen der Begutachtung

Ingeborg Singer und Werner Hofmann

Das folgende Kapitel widmet sich der Frage, was ein ärztliches Gutachten in der Auseinandersetzung mit der Frage, ob ein Behandlungsfehlervorwurf gerechtfertigt ist, leisten kann. Hierbei wird insbesondere auf die Begutachtung durch den Medizinischen Dienst der Krankenkassen eingegangen.

7.1 Die Möglichkeiten

Wie in den vorausgehenden Kapiteln bereits dargestellt, wurde den Krankenkassen mit Inkrafttreten des sog. Patientenrechtegesetzes 2013 eine verbindliche Unterstützungsfunktion ihrer Versicherten bei der Aufklärung vermuteter Behandlungsfehler zugewiesen.

Im 5. Sozialgesetzbuch wird bestimmt, dass Krankenkassen auf Antrag ihrer Versicherten in geeigneten Fällen durch den Medizinischen Dienst (MDK) prüfen lassen sollen, ob bei der Inanspruchnahme von Versicherungsleistungen ein Schaden aus Behandlungsfehlern entstanden ist. Dieselbe Verpflichtung auf Prüfung evtl. Ersatzansprüche besteht nach § 116 SGB X, wenn die Kasse aus eigener Initiative Kenntnis von einem Behandlungsfehlerverdacht erhält. Die Gutachter des Fachbereichs Medizinrecht im MDK Bayern erstellen in diesen Fällen wissenschaftlich fundierte fachärztliche, parteienunabhängige Gutachten im Auftrag der Krankenkassen für deren Versicherte.

Da die betroffenen Patienten und die Mitarbeiter der Krankenkassen als medizinische Laien das zurückliegende Behandlungsgeschehen in der Regel nicht eigenständig beurteilen können und ihnen darüber hinaus als Anspruchsteller in einem potenziellen Haftungsverfahren die Beweislast für Fehler, Schaden und Kausalität obliegt, ist eine sachverständige Auseinandersetzung mit den Behandlungsgeschehnissen für den Betroffenen von höchstem Wert. Sie bildet die Basis für alle weiteren Schritte.

Auch wenn die Gutachten des MDK hierbei von Gesetzes wegen ausschließlich von den Krankenkassen in Auftrag gegeben werden können und formaljuristisch als „Parteigutachten" gesehen werden, ist das Gutachten des MDK für einen tatsächlich von einem Behandlungsfehler betroffenen Patienten ein wertvolles Instrument für seine Beweisführung. Die Gerichte sind verpflichtet, die von den Parteien eingebrachten gutachterlichen Beweismittel mit dem eigenveranlassten Gerichtsgutachten abzugleichen und evtl. Differenzen bei der Urteilsfindung gebührend zu berücksichtigen. Dabei ist trotz der ausschließlichen Beauftragungsmöglichkeit durch die Krankenkassen die Wahrung größter Neutralität bei der Beurteilung der angeschuldigten Behandlung das oberste Gebot der MDK-Begutachtung, sodass bei nicht gerechtfertigten Vorwürfen das MDK-Gutachten gleichermaßen zur Entlastung des Beschuldigten und auch des Betroffenen beitragen kann. Es wird in diesen Fällen dem Betroffenen eine nachvollziehbare Erläuterung geben, weshalb trotz fachgerechter Behandlung bei ihm eine Komplikation eingetreten oder ein gewünschtes Behandlungsziel verfehlt worden ist.

Die Gutachten beim MDK werden, wie auch in anderen Gutachterstellen üblich, auf der Basis von Akten erstellt. Die Gutachter des MDK werten diese Unterlagen aus. Es werden die Fakten des Behandlungsverlaufes in laienverständlicher Sprache dargelegt und anschließend einer kritischen Würdigung unterzogen. Aus dem Ergebnis der Begutachtung muss erkennbar sein, ob ein Behandlungsfehler im Sinne eines nachweisbaren Verstoßes gegen zum Zeitpunkt der vorgenommenen Maßnahme geltende fachliche Standards festgestellt werden konnte und ob ein potenziell aus diesem Behandlungsfehler resultierender Gesundheits-/Körperschaden nachzuweisen ist. Nur wenn beide Voraussetzungen, Behandlungsfehler und Körperschaden, feststellbar sind, werden zusätzliche Überlegungen zur Kausalität zwischen beiden erforderlich, d. h., es ist aus medizinischer Sicht zu klären, ob der Gesundheitsschaden durch den Behandlungsfehler verursacht oder ggf. krankheits-/verfahrensimmanent eingetreten ist. Denn wie in den juristischen Kapiteln bereits ausgeführt, haftet der Arzt nur für Schäden, die nachweislich durch den festgestellten Behandlungsfehler kausal verursacht wurden. Da der Patient regelmäßig mit einem bereits bestehenden Krankheitsbefund in die Behandlung eintritt, ist die Abgrenzung zwischen Spontanverlauf der Krankheit und behandlungsfehlerbedingten Abweichungen von großer Wichtigkeit.

Gleichwohl erübrigt sich im Rahmen der Begutachtung eine eigene körperliche Untersuchung, denn mehr als die Frage nach dem in der Regel ausreichend aktenkundigen Schaden ist im Gutachten die Frage zu klären, wie es zu dem Schaden kommen konnte. Zur Feststellung der tatsächlichen Geschehensabläufe ist zwar das subjektive Erleben des Patienten wichtig, das er im Gedächtnisprotokoll festgehalten hat, objektivierbar ist sein Erleben bzw. seine Vermutung aber erst mit Hilfe der Krankenblattunterlagen. Nur anhand der Dokumentation lässt sich ein komplettes Bild der Geschehnisse rückwirkend rekonstruieren. Allerdings muss darauf verwiesen werden, dass der medizinische Gutachter bei widersprüchlicher Darstellung des Behandlungsverlaufes in den Unterlagen keine Tatsachenfeststellung vornehmen darf, da dies ausschließlich in die juristische Kompetenz fällt.

7.2 Die Grenzen

Wie jeder von Menschen vorgenommenen wertenden Entscheidung sind auch der ärztlichen Begutachtung natürliche Grenzen gesetzt. Die Ursachen dafür liegen in der Komplexität des jeweiligen Beurteilungsgegenstands und in der Subjektivität des Beurteilers. Sie sollen hier in objektive und subjektive interne Grenzen der medizinischen Begutachtung unterschieden und den von außen gesetzten Grenzen gegenübergestellt werden, die sich durch die im Arzthaftungsverfahren übliche Kompetenzverteilung zwischen medizinischem Gutachter und der Rechtsanwendung ergeben.

7.2.1 Interne Grenzen

7.2.1.1 Objektive Aspekte

Sachverhaltsdarstellung nach Aktenlage

Die Sachverhaltsdarstellung im Gutachten erfolgt anhand der Aktenlage. Sie ist mit einem Puzzle vergleichbar, wobei die einzelnen dokumentierten Sequenzen aus dem Kontext der Behandlung logisch zusammengefügt werden müssen.

Auch bei kompletter Krankenakte können praktisch niemals alle Puzzleteile vorliegen, sodass gutachterliche Aussagen immer nur auf die tatsächlich durch den ärztlichen Gutachter feststellbare Sachlage bezogen werden können und hier an eine objektiv fassbare Grenze stoßen.

Wie detailgenau diese Sachlage anhand der Aktenlage gutachterlich festgestellt werden kann, hängt wesentlich von den gesetzlichen Vorgaben zur Dokumentationspflicht der Behandlungsmaßnahmen ab, die in § 630f BGB geregelt sind. Hier wird nicht alles als dokumentationspflichtig ausgewiesen, was aus gutachterlicher Sicht zur lückenlosen Aufklärung der Geschehensabläufe einer medizinischen Maßnahme wünschenswert erscheint.

So ist es beispielsweise nahezu unmöglich, eine endoskopische Maßnahme, z. B. eine Darmspiegelung, in der der Darm verletzt wurde, alleine auf der Basis des Endoskopieberichts und der Fotodokumentationen hinsichtlich eines vermeidbaren Behandlungsfehlers zu beurteilen. Hierzu wäre eine Videodokumentation der gesamten Untersuchung notwendig. Eine solche ist dem Arzt aber nicht verpflichtend vorgeschrieben, da hierdurch die gesetzliche Dokumentationspflicht bei Weitem überschritten würde.

Leider werden auch dokumentationspflichtige Maßnahmen gelegentlich sehr nachlässig aufgezeichnet; dies betrifft sowohl den ambulanten als auch den stationären Bereich. Bevor ein Gutachten explizit auf der Grundlage einer unvollständigen Aktenlage bzw. Dokumentation erstellt wird, muss der Versuch einer Komplettierung durch Unterlagennachforderung erfolgen. Bleibt dieser erfolglos, ist eine Erwähnung der vorausgegangenen Ermittlungen im Gutachten obligat.

Kausalitätsbeurteilung

Die Kausalität zwischen einem festgestellten Behandlungsfehler und dem reklamierten Gesundheitsschaden ist in aller Regel die entscheidende Hürde für die Feststellung einer Schadensersatzpflicht und zugleich eine der größten Herausforderungen für den ärztlichen Gutachter. Denn er muss den Ursachenzusammenhang nach dem im zivilen Haftungsrecht geltenden hohen Beweismaßstab nach § 286 Zivilprozessordnung (ZPO) beurteilen. Dieses vom Anspruchsteller (Patient) zu erbringende Beweismaß verlangt nach gängiger Rechtsanwendung einen „für das praktische Leben brauchbaren Grad an Gewissheit, der Zweifeln Einhalt gebietet, ohne sie völlig auszuschließen" (Vollbeweis).

Die komplexen Ursache-Wirkungszusammenhänge im biologischen System Mensch sind aber sehr häufig weder beim Gesunden noch im Zustand der Krankheit auf medizinisch-wissenschaftlicher Basis hinreichend erforscht. Allein der Spontanverlauf einer Krankheit birgt immer die Gefahr von Schäden in sich. Aus diesem Grund muss der Gutachter im Vollbeweis darlegen, ob bei pflichtgemäßem Handeln der Schaden verhindert worden wäre. Mit dem Ergebnis dieser Prüfung steht und fällt der Kausalitätsnachweis.

7.2.1.2 Subjektive Aspekte

Ex-ante-Sicht versus Ex-post-Sicht

Das haftungsrechtlich relevante Handeln wird in der Rechtsprechung aus der strengen Ex-ante-Sicht beurteilt. Demzufolge müssen das Handeln des Arztes und dessen Entscheidungen im Falle eines vermuteten Behandlungsfehlers auch vom ärztlichen Gutachter auf dem Boden der Erkenntnisse beurteilt werden, über die der behandelnde Arzt zum Behandlungszeitpunkt verfügte bzw. pflichtgemäß verfügen musste. Im Gegensatz hierzu ist im Rahmen der ärztlichen Begutachtung in nahezu allen Fällen der weitere Verlauf bekannt. Der Gutachter weiß also zum Zeitpunkt der Gutachtenerstellung bereits anhand der Behandlungsakte, welche Diagnose im Nachhinein die richtige war, auf welche Komplikation besonders hätte geachtet werden müssen, zu welchem Zeitpunkt sie sich angedeutet hat und mit welchen Maßnahmen sie hätte verhindert werden können. Das aus dem Studium der Gutachtenakte erworbene Ex-post-Wissen auszuschalten und die sich aus der Ex-ante-Sicht dem Behandler darbietende Befundkonstellation mit allen möglichen konkurrierenden Alternativursachen zu antizipieren, ist eine der größten gutachterlichen Herausforderungen, wenn es darum geht, subjektive Grenzen zu überwinden und ein allen Beteiligten gerecht werdendes gutachterliches Votum abzugeben.

Neutralität – Professionalität

Wie die Begutachtung aus strenger Ex-ante-Sicht ist auch die Neutralität des ärztlichen Gutachters unabdingbare Voraussetzung für eine gleichförmige Rechtsanwendung. Das gutachterliche Votum darf weder von der Person des Gutachters noch von der Art seiner Beauftragung abhängig sein. Für die Gutachter der Medizinischen Dienste kommt dieses Neutralitätsgebot in § 275 (5) SGB V zum Ausdruck. Gutachterliche Professionalität bedeutet gleichfalls den ärztlichen Rollenwechsel vom patientenorientierten Behandler zum unparteiischen Gutachter. Dazu gehört auch die ggf. schwer umzusetzende psychische Distanzierung von schweren schicksalhaften Verläufen auf Patientenseite oder potenziell negativen beruflichen Konsequenzen auf Behandlerseite, die die Anerkennung oder Ablehnung von Behandlungsfehlern bewusst oder unbewusst triggern können.

Gutachterliche Unvoreingenommenheit und Unparteilichkeit sollten für jeden ärztlichen Sachverständigen eine professionelle Selbstverständlichkeit sein, damit sein Gutachten nicht an subjektive Grenzen stößt.

7.2.2 Von außen gesetzte Grenzen

Tatsachenfeststellung

Wie aus den obigen Ausführungen zur Sachverhaltsdarstellung ersichtlich, können aufgrund fehlender Behandlungsunterlagen oder aufgrund unterlassener Aufzeichnungen die Tatsachen im Rahmen der ärztlichen Begutachtung nicht immer geklärt werden. Hier stößt der

Gutachter an Grenzen, weil die Feststellung der tatsächlichen Geschehnisse in diesen Fällen ebenso wie in den Fällen, bei denen die Angaben des Patienten den Behandlungsaufzeichnungen des Arztes entgegenstehen, allein der Rechtsanwendung vorbehalten ist. Dabei wird nach § 630h (3) BGB vermutet, dass bei fehlender Dokumentation einer aufzeichnungspflichtigen Maßnahme diese auch tatsächlich nicht durchgeführt wurde. Der Beweis des Gegenteils obliegt dann dem aufzeichnungspflichtigen Behandler. Bei gegensätzlichen Tatsachendarstellungen von Parteienseite werden in aller Regel weitere Maßnahmen zur Beweiserhebung erforderlich, für die allein die Rechtsanwendung zuständig ist.

Die Ausführungen machen deutlich, dass die gutachterlichen Möglichkeiten zur Rekonstruktion der Ereignisse stark von der Qualität der Unterlagen abhängen, diesbezüglich aber klare rechtliche Vorgaben für die juristische Tatsachenfeststellung existieren.

Bewertung der Risikoaufklärung

Nicht vom Mediziner zu beantworten sind auch die Fragen nach der fachlichen Korrektheit der ärztlichen Risikoaufklärung. Hier geht es nicht um die Einhaltung fachlicher Standards oder ärztlicher Sorgfaltspflichten, sondern um die Persönlichkeitsrechte, insbesondere um das Selbstbestimmungsrecht des Patienten. Ob die ärztliche Aufklärung in einer konkreten Behandlungssituation als ausreichend für eine selbstbestimmte Willensentscheidung des Patienten im Hinblick auf die vorgeschlagene Behandlungsmaßnahme zu betrachten war, ist eine rein juristische Entscheidung.

Hier kann der ärztliche Gutachter nur darlegen, über welches aus der medizinischen Wissenschaft bekannte Komplikationsspektrum ordnungsgemäß hätte aufgeklärt werden müssen und wie die Umstände der durchgeführten Aufklärung laut Aktenlage beschaffen waren, z. B.

- Zeitspanne zwischen Aufklärung und Eingriff,
- Art der verwendeten Aufklärungsdokumentation,
- Vollständigkeit der Auflistung aller typischen Komplikationen des vorgesehenen Eingriffs,

- Erwähnung der konkret eingetretenen Komplikation auf dem Aufklärungsbogen,
- Individualisierung des Aufklärungsbogens durch handschriftliche Ergänzungen des aufklärenden Arztes,
- Aufklärung durch den Operateur selbst oder durch eine Person, die über die zur Durchführung der Maßnahme notwendige Ausbildung verfügt.

Wertender Aussagen darüber, ob die Aufklärung nach seiner Auffassung ausreichend war oder nicht, muss sich der Gutachter enthalten.

Werturteil „grober" Behandlungsfehler – Feststellung der Beweislastumkehr

Schwierigkeiten für den ärztlichen Gutachter bereiten gelegentlich Fragen nach Sachverhalten mit juristischem Hintergrund. Hierzu gehört die wertende Beurteilung der Schwere eines von ärztlicher Seite festgestellten Standard- oder Sorgfaltspflichtverstoßes, welche zwar maßgeblich vom gutachterlichen Votum abhängt, letztlich aber vom Juristen in die Kategorien grob oder nicht grob eingeteilt wird. Hier ist auf die Einhaltung der unterschiedlichen Kompetenzzuweisung zwischen ärztlichen und juristischen Feststellungen zu achten. Der medizinische Sachverständige muss dabei zur Kenntnis nehmen, dass bestimmte Entscheidungen nach gängiger Rechtsprechung allein dem fachkundig beratenen Tatrichter obliegen.

Wenn der ärztliche Gutachter im Rahmen des Gutachtenauftrags nach dem Vorliegen eines „groben" Behandlungsfehlers befragt wird, darf er folglich keinesfalls nur mit „Ja" oder „Nein" antworten, sondern er hat bei seiner medizinischen Beurteilung gemäß höchstrichterlicher Festlegung darauf abzustellen, ob der im Tun oder Unterlassen des Arztes begründete Standard- oder Sorgfaltspflichtverstoß im Einzelfall oder in der Gesamtheit des ärztlichen Verhaltens als ein Fehler betrachtet werden muss, der aus objektiver Sicht nicht mehr nachvollziehbar ist, weil er einem sorgfältigen und auf Fortbildung bedachten Arzt seines Fachgebiets schlechterdings nicht unterlaufen darf (BGH NJW 1983,2080, siehe AWMF-Leitlinie; BGH VI ZR 201/87 v.

8. März 1988; BGH VI ZR 339/96 v. 27. Januar 1998; BGH VI ZR 42/01 v. 28. Mai 2002).

Ob sich aus der Feststellung eines „groben" Behandlungsfehlers (oder anderer gesetzlich vorgesehener Eingangsvoraussetzungen, z. B. bei Vorliegen von Befunderhebungsfehlern) Beweiserleichterungen für den Kausalitätsnachweis eines erlittenen Gesundheitsschadens ergeben, ist ebenfalls eine ausschließlich richterliche Entscheidung.

8 Vermutete medizinische Behandlungsfehler – Informationen der Gutachterstelle für Arzthaftungsfragen bei der Bayerischen Landesärztekammer – Verfahrensweise und bisherige Erfahrungen

Christian Schlesiger

8.1 Zielsetzung

Die Gutachterstelle für Arzthaftungsfragen bei der Bayerischen Landesärztekammer hat sich zum Ziel gesetzt, „durch objektive Prüfung oder Begutachtung ärztlichen Handelns Patienten die Durchsetzung begründeter Ansprüche und Ärzten die Zurückweisung unbegründeter Vorwürfe zu erleichtern" (§ 1 Abs. 2 der Verfahrensordnung „VO").

Sie will aufwendige und möglicherweise für den Patienten und den Arzt teure Prozesse vermeiden, aber auch dazu beitragen, das Vertrauensverhältnis zwischen Arzt und Patient, das einen hohen Stellenwert bei der ärztlichen Therapie einnimmt, wiederherzustellen. Die Teilnahme an einem Gutachterverfahren ist freiwillig, sie stellt ein Angebot an Patient und Arzt dar.

Die Bayerische Landesärztekammer stellt für die Tätigkeit der Gutachterstelle die notwendigen personellen und sachlichen Mittel zur Verfügung (§ 5 Abs. 3 VO).

8.2 Gutachterverfahren im Überblick

Die Gutachterstelle kann bei Streitigkeiten wegen der Vermutung oder des Vorwurfs einer fehlerhaften ärztlichen Behandlung von den Betroffenen angerufen werden (§ 1 Abs. 1 Satz 2 VO). Am Verfahren beteiligt werden der Patient, der behandelnde Arzt und/oder das Krankenhaus oder die ärztlich geleitete Einrichtung sowie deren jeweilige Haftpflichtversicherungen (Verfahrensbeteiligte; § 4 Abs. 3 VO).

Ergebnis der Tätigkeit der Gutachterstelle ist eine mit Gründen versehene Stellungnahme, in der festgestellt wird, ob eine schuldhaft fehlerhafte ärztliche Behandlung bei dem Patienten einen Gesundheitsschaden verursacht hat (Feststellung über die „Haftung dem Grunde nach"; § 4 Abs. 8 VO). Diese Stellungnahme stellt keine eine gerichtliche Nachprüfung ausschließende Entscheidung dar (§ 1 Abs. 2 Satz 3 VO).

Die Mitglieder der Gutachterstelle sind bei der Wahrnehmung ihrer Aufgaben unabhängig und nicht an Weisungen der Bayerischen Landesärztekammer gebunden. Die Verfahrensordnung verpflichtet sie zu Vertraulichkeit und Verschwiegenheit (§ 3 VO).

In der Regel wird zur Vorbereitung der Stellungnahme der Gutachterstelle zu den Behandlungsfehlervorwürfen ein Gutachten von einem Sachverständigen des betroffenen ärztlichen Fachgebietes eingeholt (§ 4 Abs. 6 VO).

Beurteilungsgrundlage der Begutachtung bilden die ärztlichen Aufzeichnungen, die im Zusammenhang mit der als fehlerhaft angesehenen ärztlichen Behandlung stehen, sowie die im Rahmen des Verfahrens von den Verfahrensbeteiligten abgegebenen Erklärungen. Anders als vor Gericht können Zeugen zur Ermittlung des beurteilungsrelevanten Sachverhaltes nicht vernommen werden. Ist zwischen Antragsteller und Antragsgegner strittig, wie die medizinische Behandlung tatsächlich abgelaufen ist, wendet die Gutachterstelle die Grundsätze der von der Rechtsprechung entwickelten Regeln zur Beweislast an.

Das Gutachterverfahren ist für die Verfahrensbeteiligten kostenlos (§ 5 Abs. 1, 1. Halbsatz VO). Von der am Verfahren beteiligten Haftpflichtversicherung wird eine Pauschalgebühr nach näherer Vereinbarung erhoben (vgl. Rundschreiben des GDV H 48/02 M vom 02.12.2002). Die Haftpflichtversicherung trägt auch die im Rahmen des Verfahrens entstehenden Kosten für die Einschaltung eines von der Gutachterstelle beauftragten externen Sachverständigen. Durch ein Gutachterverfahren wird der Rechtsweg nicht ausgeschlossen.

8.3 Verfahren im Einzelnen

8.3.1 Antragstellung

Ein Gutachterverfahren wird üblicherweise durch den Patienten (Antragsteller) eingeleitet, der einen Behandlungsfehler vermutet. Der Antragsteller soll dabei das von der Gutachterstelle zur Verfügung gestellte Formblatt verwenden. Dieses ist im Internet (www.gutachterstelle-bayern.de) als Download erhältlich oder telefonisch abrufbar. Grundsätzlich ist aber auch eine Antragstellung durch ein formloses Anschreiben möglich, aus dem sich ergeben muss, dass ein Behandlungsfehlervorwurf erhoben wird.

Es soll insbesondere folgende Angaben enthalten (§ 4 Abs. 2 VO):

- Personalien und Anschrift des Antragstellers
- Name und Anschrift des beschuldigten Arztes/der ärztlich geleiteten Einrichtung
- Art und Datum/Zeitpunkt der vermuteten Fehlbehandlung.

Ein Antrag auf Begutachtung einer Behandlung kann auch von einem Arzt oder einer ärztlich geleiteten Einrichtung erfolgen, der bzw. die sich Vorwürfen eines Patienten ausgesetzt sieht (§ 4 Abs. 3 VO).

Durch die Gutachterstelle für Arzthaftungsfragen werden ausschließlich medizinische Behandlungen begutachtet, für die ein Arzt die Verantwortung trägt. Eine Behandlung, die in die alleinige Verantwortung eines Physiotherapeuten, eines Heilpraktikers oder anderer Angehöriger der Pflege- und Heilberufe fällt, kann daher durch die Gutachterstelle nicht geprüft werden.

Grundsätzlich ist die Gutachterstelle unabhängig von den zu erwartenden Erfolgsaussichten eines Antrages verpflichtet, eine Bewertung des medizinischen Sachverhaltes vorzunehmen. Die Verfahrensordnung enthält allerdings Ausnahmen:

Ein Antrag *kann* zurückgewiesen werden (§ 4 Abs. 1 VO), wenn

- der vermutete Behandlungsfehler länger als fünf Jahre zurückliegt,
- nach Art, Dauer und Auswirkungen nur geringfügige Beeinträchtigungen vorhanden oder zu erwarten sind.

Ein Antrag *muss* abgewiesen werden, wenn

- ärztliche Gutachten auf ihre Richtigkeit überprüft werden sollen,
- Arztrechnungen/Liquidationen auf ihre Richtigkeit überprüft werden sollen,
- das Verhalten eines Arztes im Hinblick auf einen möglichen berufsrechtlichen Verstoß überprüft werden soll (z. B. Schweigepflichtsverletzung),
- wegen des vermuteten Behandlungsfehlers bereits Strafanzeige erstattet wurde oder ein Gerichtsverfahren läuft bzw. gelaufen ist,
- es sich um eine(n) beschuldigten Arzt/ärztlich geleitete Einrichtung außerhalb Bayerns handelt.

Wird der Antrag angenommen, schreibt die Gutachterstelle den Antragsteller an und teilt ihm das Aktenzeichen mit, unter dem die Angelegenheit behandelt wird. Darüber hinaus erhält er, sofern diese nicht bereits vorliegen, einen Fragebogen für Antragsteller, eine Erklärung zur Entbindung von der ärztlichen Schweigepflicht sowie ein Informationsblatt über das Gutachterverfahren.

Nach Eingang des Fragebogens und der Erklärung über die Entbindung von der ärztlichen Schweigepflicht werden die eingereichten Unterlagen erneut geprüft. Unter Umständen werden weitere Unterlagen angefordert. Dies können im Falle der Vertretung des Patienten durch einen Dritten (z. B. Rechtsanwalt, Familienangehörige) eine Vollmacht, sofern der Patient verstorben ist ein Erbennachweis, oder aber Behandlungsunterlagen sein, die sich im Besitz des Patienten befinden.

8.3.2 Beteiligung des beschuldigten Arztes/der ärztlich geleiteten Einrichtung

Im Anschluss wird der vom Patienten benannte Arzt bzw. die benannte ärztlich geleitete Einrichtung (Antragsgegner) über den Behandlungsvorwurf informiert. Der Antragsgegner erhält die Ausführungen des Antragstellers zur Kenntnis, ferner wird ihm ein spezieller „Fragebogen für Antragsgegner" übersandt. Die Teilnahme an einem Gutachterverfahren ist für den Antragsgegner freiwillig. Widerspricht er dem Verfahren, muss er hierfür keine Gründe angeben.

Stimmt der Antragsgegner dem Verfahren zu, wird er aufgefordert zur

- Stellungnahme zu den erhobenen Vorwürfen,
- Übersendung der Krankenunterlagen einschließlich Aufnahmen aus bildgebenden Verfahren,
- Mitteilung des Namens, der Anschrift und der Vertragsnummer seiner zuständigen Berufshaftpflichtversicherung.

Lehnt der Antragsgegner ein Gutachterverfahren ab, wird das Verfahren geschlossen (§ 4 Abs. 4 i.V.m. Abs. 3 VO).

8.3.3 Beteiligung der zuständigen Berufshaftpflichtversicherung

Sind die oben dargestellten Schritte abgeschlossen, wird die von dem Antragsgegner angegebene Berufshaftpflichtversicherung angeschrieben und befragt, ob auch sie bereit ist, sich an einem Gutachterverfahren zu beteiligen. Die Versicherung erhält die Einlassungen des Patienten und des Antragsgegners (ihres Versicherungsnehmers). Auch sie kann ohne Angabe von Gründen ein Gutachterverfahren ablehnen. Stimmt die Versicherung dem Verfahren zu, hat sie sich an den Kosten des Verfahrens zu beteiligen (§ 5 Abs. 2 VO). Die Versicherung übernimmt einerseits eine Verwaltungspauschale und andererseits die Kosten für die Beauftragung eines (externen) ärztlichen Gutachters (siehe unter Abschnitt 8.3.5 „Externes Gutachten"). Lehnt die Berufshaftpflichtversicherung ein Gutachterverfahren ab, wird das Verfahren geschlossen (§ 4 Abs. 4 i.V.m. Abs. 3 VO).

Das Verfahren ist für den Antragsteller kostenlos. Er hat lediglich seine „eigenen Kosten", wie z. B. Post- und ggf. Telefongebühren, selbst zu tragen (§ 5 Abs. 1 VO).

8.3.4 Gutachtenvorbereitung

Zur Gutachtenvorbereitung werden alle für die Begutachtung erforderlichen Krankenunterlagen durch die Gutachterstelle angefordert, auch von den Ärzten oder Kliniken, die den Patienten vor oder nach der gerügten Behandlung betreut haben. Hierfür wird den Ärzten bzw. Krankenhäusern die Erklärung über die Entbindung von der ärztlichen Schweigepflicht mit übersandt.

Im Anschluss hieran wird durch die Gutachterstelle ein auf dem betroffenen medizinischen Fachgebiet kompetenter und erfahrener Arzt als Gutachter ausgewählt (§ 4 Abs. 6 VO). Der an den Gutachter gerichtete Fragenkatalog wird zuvor allen Verfahrensbeteiligten zur Kenntnisnahme zugesandt (§ 4 Abs. 7 VO).

Es besteht die Möglichkeit, Einwendungen gegen den beabsichtigten Gutachtenauftrag, beispielsweise gegen die Person des Gutachters oder die Darstellung des Sachverhalts, vorzubringen. Werden solche Einwendungen vorgebracht und hält die Gutachterstelle diese für begründet, wird der Gutachtenauftrag umformuliert bzw. ein anderer Gutachter ausgewählt.

8.3.5 Externes Gutachten

Die Begutachtung erfolgt in der Regel ausschließlich auf Grundlage der Akten. Hält der Gutachter dies für erforderlich, kann ausnahmsweise auch eine persönliche Untersuchung des Patienten durch den Gutachter erfolgen (§ 4 Abs. 6 VO). Der Gutachter erhält von der Gutachterstelle für die Begutachtung sämtliche beigezogenen Behandlungsunterlagen und darüber hinaus auch die Erklärungen des Antragstellers, des Antragsgegners sowie der Berufshaftpflichtversicherung zum Behandlungsfehlervorwurf.

Das Gutachten wird durch die Gutachterstelle an die Verfahrensbeteiligten weitergeleitet (§ 4 Abs. 7 VO), damit diese Gelegenheit haben, hierzu Stellung zu nehmen. Falls es erforderlich ist, wird der Gutachter um Ergänzung des Gutachtens gebeten, um beispielsweise von den Verfahrensbeteiligten aufgeworfene neue Fragen zu beantworten.

8.3.6 Verfahrensabschluss, Votum

Um die abschließende Stellungnahme („Votum") der Gutachterstelle vorzubereiten, wird der gesamte zur Akte genommene Sachverhalt durch ein medizinisches und ein juristisches Kommissionsmitglied einer intensiven Prüfung unterzogen. Das in Auftrag gegebene (externe) Gutachten stellt eine wesentliche Grundlage und Entscheidungshilfe für die abschließende Beurteilung dar. Sie ersetzt aber nicht die eigene Meinungsbildung der mit der Entscheidung befassten ärztlichen und juristischen Kommissionsmitglieder.

Das Votum der Gutachterstelle nimmt Stellung zur Frage, ob ein Behandlungsfehler vorliegt und – zutreffendenfalls – ob dieser für den vom Patienten vorgetragenen Gesundheitsschaden ursächlich ist. Eine solche Festlegung der Gutachterstelle ist grundsätzlich dann nicht möglich, wenn ein entscheidungserheblicher Sachverhalt zwischen den Parteien strittig ist und „Aussage gegen Aussage" steht. Die Gutachterstelle hat, anders als ein Gericht, nicht die Möglichkeit, durch Einvernahme von Zeugen den wahren Sachverhalt zu ermitteln.

Das Votum wird von den ärztlichen und juristischen Kommissionsmitgliedern, die für die Entscheidung Verantwortung tragen, unterzeichnet und an die Verfahrensbeteiligten übersandt. Wird durch die Gutachterstelle ein Behandlungsfehler festgestellt, der einen Gesundheitsschaden verursacht hat, bietet diese Feststellung für die Beteiligten eine Basis für die weitere Einigung bzw. Regulierung der Schadensansprüche. Mit dem Votum endet das Gutachterverfahren.

Den Ablauf eines Gutachterverfahrens bei der Gutachterstelle fasst Abbildung 4 vereinfacht nochmals zusammen.

Phase	Verfahrensschritte	Beschreibung	Dauer
Einleitung des Verfahrens	Antragseingang	Nach dem Antragseingang wird der Gutachterfall angelegt. Falls ein Fragebogen bei der Antragstellung noch nicht vorliegt, wird dieser an den Antragsteller versandt. Bei Unklarheiten im Fragebogen sind zusätzliche Rückfragen erforderlich.	1-2 Monate
	Prüfung der Verfahrensvoraussetzungen	Nach Eingang des Fragebogens werden die Verfahrensvoraussetzungen geprüft.	
	Zustimmung des/der Antragsgegner(s) und Berufshaftpflicht-versicherung(en)	Es müssen die Zustimmungen aller Beteiligten vorliegen.	3-4 Monate (bis 6 Monate)
Vorbereitungen für die Gutachtenerstellung	Erstellung des medizinischen Sachverhaltes und des Antragsbegehrens, Nachforderung fehlender Unterlagen	Der medizinische Sachverhalt und das Antragsbegehren werden zusammengefasst. Es erfolgt eine Prüfung der vorliegenden medizinischen Unterlagen auf Vollständigkeit. Fehlende Unterlagen müssen nachgefordert werden.	2-6 Monate
	Erstellen und Versand des Gutachtenauftrags, Möglichkeit der Stellungnahme aller Verfahrensbeteiligten	Das unabhängige Kommissionsmitglied formuliert die Fragen an einen externen Gutachter.	2-4 Monate
Gutachtenerstellung	Gutachtenerstellung	Ein externer, unabhängiger Facharzt mit entsprechender Spezialisierung beantwortet als Gutachter die an ihn gestellten Fragen.	6 Monate (bis 12 Monate)
	Versand Gutachten Möglichkeit der Stellungnahme aller Verfahrensbeteiligten	Das Gutachten wird allen Verfahrensbeteiligten zugesandt.	3 Wochen
	Bei Einwänden der Verfahrensbeteiligten	Bei relevanten Einwänden der Verfahrensbeteiligten erfolgen ggf. Zusatzgutachten / Stellungnahmen (zurück zu Gutachtenerstellung).	6 Monate (bis 12 Monate) (ggf. zurück zu Gutachtenerstellung)
Abschließende Stellungnahme	Erstellung eines „Votums"	Das medizinische und das juristische Kommissionsmitglied erstellen abschließend und verfahrensbeendend eine Stellungnahme (Votum), ob ein Behandlungsfehler vorliegt.	1-3 Monate

Abbildung 4: Ablauf des Gutachterverfahrens

Der zeitliche Rahmen eines Gutachterverfahrens bei der Gutachterstelle für Arzthaftungsfragen wirkt sich nicht zu Ungunsten des Antragsteller aus, da das Verfahren bei der Gutachterstelle die Verjährung (mithin die zeitlich zulässige Geltendmachung der Ansprüche vor Gericht) hemmt.

8.4 Beiträge der Gutachterstelle zu aktuellen Fragen des Gesundheitswesens: Patientensicherheit, Risikomanagement, „Fehlerkultur"

Seit vielen Jahren beteiligt sich die Gutachterstelle für Arzthaftungsfragen an der jährlich durch die Bundesärztekammer veröffentlichten, bundesweiten „Statistischen Erhebung der Gutachterkommissionen und Schlichtungsstellen". Die Statistik gibt Aufschluss darüber, bei welchen Diagnosen und Therapiemaßnahmen Behandlungsfehler vermutet wurden und welche Fachgebiete vorrangig betroffen waren. Diese Auswertung und Zusammenstellung dient u. a. dem Ziel, Fehlerhäufigkeiten zu erkennen und mögliche Fehlerursachen oder Trends auszuwerten, um diese für die Fortbildung und Qualitätssicherung nutzbar zu machen. Die Gutachterstelle ist Mitglied der „Ständigen Konferenz der Gutachterkommissionen und Schlichtungsstellen", die sich regelmäßig zu Themen wie Patientensicherheit und Risikomanagement austauscht.

Die Gutachterstelle publiziert regelmäßig zu aktuellen Arzthaftungsthemen im Bayerischen Ärzteblatt, zuletzt mit einer Reihe von Fallbeschreibungen („Der interessante Fall"). Ferner trägt die Gutachterstelle im Rahmen von Kongressen, Symposien etc. ihre Erfahrungen vor und gibt aus ihrer Sicht konkrete Tipps und Empfehlungen für die Praxis ab. Mitglieder der Gutachterstelle sind seit Jahren im Rahmen eines Lehrauftrags der Ludwig-Maximilians-Universität München an der Ausbildung von Medizinstudenten beteiligt (Thema Zivilrecht, Institut für Rechtsmedizin).

Auf diese Weise bemüht sich die Gutachterstelle, neben ihrer „Kerntätigkeit" zu einem kontinuierlichen Lernprozess in der Ärzteschaft beizutragen. Abbildung 5 fasst diesen Beitrag der Gutachterstelle zur Patientensicherheit zusammen:

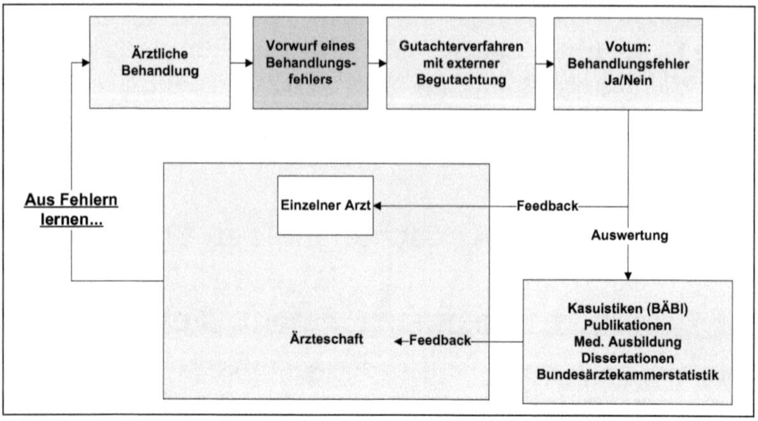

Abbildung 5: Beitrag der Gutachterstelle zur Patientensicherheit

8.4.1 Vernetzung der Gutachterstelle

Aus Sicht der Gutachterstelle ist ein effektiver Beitrag zur Patientensicherheit nur durch ein Zusammenwirken aller an diesem Thema Beteiligten möglich. Daher hat sich die Gutachterstelle aktiv für eine verstärkte „Vernetzung" eingesetzt. Als Beispiele hierfür seien die folgenden Aktivitäten genannt: Treffen mit der „UPD Patientenberatung Deutschland", Austausch mit Vertretern der Versicherungswirtschaft (Haftpflichtversicherungen der Ärzte) und Treffen mit bayerischen Patientenfürsprechern.

8.4.2 Zahlen, Daten, Fakten

Die Anzahl der bei der Gutachterstelle für Arzthaftungsfragen gestellten Anträge auf Begutachtung blieb in den vergangenen Jahren auf einem annähernd gleichbleibenden Niveau. Abbildung 6 zeigt die Entwicklung seit dem Berichtszeitraum 2008/2009. (Ein „Berichtszeitraum" reicht vom 1. Juni eines Jahres bis zum 31. Mai des Folgejahres entsprechend der Systematik der Tätigkeitsberichte der Bayerischen Landesärztekammer, vergleiche www.bayerisches-aerzteblatt.de, Archiv, Spezialausgaben).

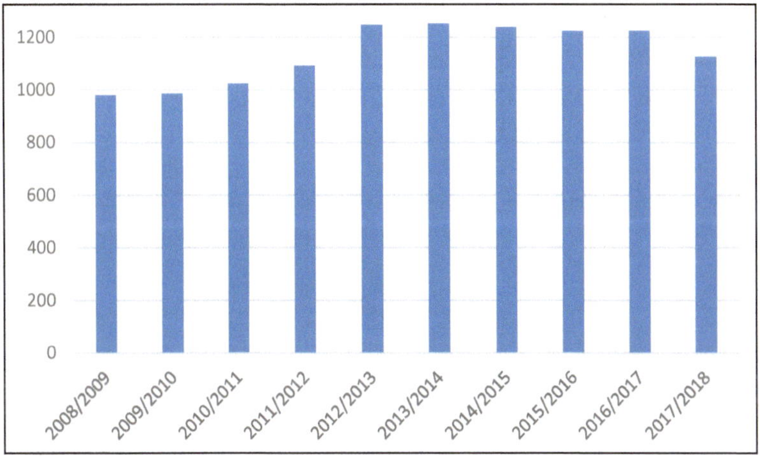

Abbildung 6: Bei der Gutachterstelle für Arzthaftungsfragen eingegangene Anträge auf Begutachtung

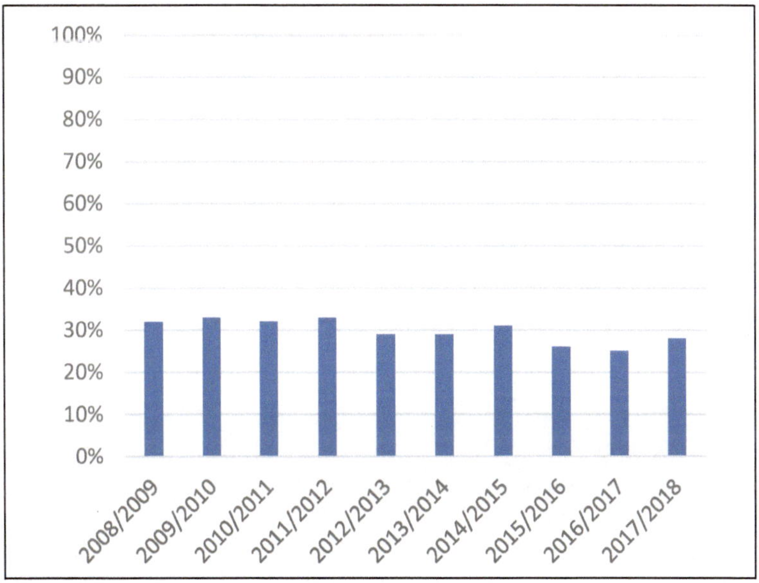

Abbildung 7: Behandlungsfehlerquote

Auch die Behandlungsfehlerquote ist in den vergangenen Jahren annähernd konstant geblieben (siehe Abbildung 7).

Für weitere statistische Auswertungen, beispielsweise zu den häufigsten Diagnosen, Fachgebietsbeteiligungen oder Fehlerarten, verweisen wir aus Gründen der – relativ gesehen – geringen Fallzahl auf die Ergebnisse der jährlich veröffentlichten statistischen Erhebung der Bundesärztekammer (www.baek.de). Diese lässt aufgrund der Kumulierung der bundesweiten Daten eher signifikante Aussagen zu.

9 Aufgaben und Vorgehensweisen des Haftpflichtversicherers bei der Regulierung von Heilwesenschäden

Edda Orlitsch und Walter Kappler

9.1 Geschäftsfeld Heilwesen

In den letzten Jahren ist die Anzahl der Heilwesenversicherer erheblich geschrumpft. Nicht mehr als eine Handvoll Versicherer zeichnen noch das Heilwesenrisiko. Die Problematik schwerster Personenschäden im Heilwesenbereich mit enorm hohen Schadenaufwendungen hat schon manche Bilanz der Heilwesenversicherer tiefrot gefärbt. Konsequenterweise sanierten immer mehr Versicherer ihre Bestände. Sanieren heißt, die Beiträge risikoadäquat zu erhöhen oder sich, im Falle des Widerspruchs des Versicherungsnehmers, vom Risiko zu trennen. Insbesondere für Hochrisikogruppen wie für Hebammen und ärztliche Geburtshelfer haben steigende Schadenaufwendungen so zu entsprechend hohen Prämien geführt – für manche Berufsgruppen, wie z. B. die freiberuflichen Hebammen, sogar in nahezu existenzgefährdender Weise.

Um das Risiko Heilwesen dennoch versicherbar zu erhalten, bemühen sich die noch am Markt agierenden Heilwesenversicherer mit neuen Konzepten, diesem Trend entgegenzuwirken. Ein umfängliches Risikomanagement und die Entwicklung von Strategien zur Fehlervermeidung spielen dabei eine große Rolle, um langfristig einen Rückgang der Schadenaufwendungen zu bewirken.

9.2 Risikomanagement

Spätestens seit Inkrafttreten des Patientenrechtegesetzes im Jahr 2013 sind Krankenhäuser und andere Einrichtungen des Gesundheitswesens gesetzlich verpflichtet, ein funktionsfähiges klinisches Risikomanagement zu etablieren und im Rahmen der Qualitätssicherung Maßnahmen zur Suche nach Schwachstellen im System und zur Behebung dieser erkannten Mängel zu etablieren. Die Sicherheit des Patienten ist dabei stets oberstes Gebot. Diese Verpflichtung wurde durch umfängliche Richtlinien des Gemeinsamen Bundesausschusses weiter ausgestaltet und konkretisiert.

Auch aus Sicht der Haftpflichtversicherung stellt klinisches Risikomanagement einen wichtigen Baustein zur Schadenverhütung dar. Denn die überwiegende Zahl der Haftpflichtfälle stützt sich auf Verletzungen von Aufklärungs-, Dokumentations- bzw. Organisationspflichten und ist somit vermeidbar. Diese Haftungsquellen sind durch ein gezieltes Risikomanagement – (mit mehr Offenheit, Vertrauen, Abbau von Vorurteilen – und Risikosensibilität durchaus beherrschbar.

Effizientes Risikomanagement bedeutet in diesem Sinne Früherkennung von Gefahren durch systematische präventive Fehlersuche und Schadenuntersuchung sowie verantwortungsbewussten Umgang mit aufgedeckten Risikopotenzialen.

Dementsprechend hat beispielsweise die Versicherungskammer Bayern als namhafter Krankenhaushaftpflichtversicherer bereits 1998 zusammen mit einem Rückversicherer die MediRisk Bayern Risk- und Rehamanagement GmbH gegründet. Sie erbringt für Krankenhäuser gutachterliche und beratende Dienstleistungen, sie erstellt Risikoanalysen, prüft das Qualitätsmanagement, entwickelt Sicherheitskonzepte und unterstützt ihre Kunden bei einem professionellen Fehlermanagement (www.medirisk-bayern.de).

Im Jahr 2009 konnten erste Zahlen zum Nachweis der Wirksamkeit des Risikomanagements in Zusammenarbeit mit der MediRisk Bayern veröffentlicht werden (F. Haucke, C. Raible, Risikomanagement im Krankenhaus, empirische Ergebnisse der Evaluation eines umfassenden Risikomanagementansatzes, in: Das Krankenhaus, 5/2009 Seite 432–438). Dazu wurden anhand einer retrospektiven Analyse Kliniken, in denen ein umfassendes Risikomanagement eingeführt war, mit strukturgleichen Krankenhäusern ohne Risikomanagement über einen Zeitraum von mehreren Jahren verglichen.

Obwohl zunächst alle Einrichtungen in vergleichbarem Maße mit unerwünschten Ereignissen konfrontiert waren, fanden sich nach Implementierung eines klinischen Risikomanagements (insbesondere in den Hochrisikobereichen) signifikant weniger vermeidbare unerwünschte Ereignisse. Neben organisationsbedingten Ursachen konnten Aufklärungs- und Dokumentationsversäumnisse reduziert werden. Der Anteil der vermeidbaren unerwünschten Ereignisse an den unerwünschten Ereignissen lag in der Gruppe mit Risikomanagement deutlich unter dem Anteil der Kontrollgruppe ohne Risikomanagement. Die Kontrollgruppe ohne Risikomanagement verzeichnete hingegen eine relative Zunahme an vermeidbaren unerwünschten Ereignissen.

9.3 Versicherungspflicht

Die seit Jahren kontinuierlich steigende Anzahl an Behandlungsfehlervorwürfen und das damit verbundene Risiko exorbitant hoher Schadenaufwendungen zeigen gleichwohl, wie wichtig es für Kliniken und ärztliches und pflegerisches Personal ist, sich ausreichend gegen Haftpflichtschadenfälle zu versichern. Deshalb verpflichten die einschlägigen Berufsordnungen den niedergelassenen Arzt, sich hinreichend gegen Haftpflichtansprüche, beruhend auf seiner beruflichen Tätigkeit, abzusichern (vgl. § 21 Musterberufsordnung für die in Deutschland tätigen Ärztinnen und Ärzte – MBO-Ä 1997 – Stand 2015). Gynäkologen mit Geburtshilfe und andere Ärzte mit hohem Schadenpotenzial sollten sich so hoch wie möglich versichern. Dabei sollte auch die stetig steigende Entwicklung bei den Schadenaufwendungen beachtet werden. Die Höhe der aktuell in einem Schadenfall zu leistenden Aufwendungen könnte dadurch nämlich in der Zukunft stark ansteigen und damit eine heute (noch) ausreichende Deckungssumme erheblich überschreiten.

Für Kliniken und Krankenhäuser gibt es allerdings keine Pflicht, sich gegen Haftpflichtansprüche zu versichern. Sie sind es aber aus Gründen kaufmännischer Vernunft fast immer. Etwa 95 % der deutschen Krankenhäuser sind haftpflichtversichert.

Nur vereinzelt verzichten Krankenhäuser in Landesträgerschaft und wenige Universitätskliniken zugunsten einer Selbstversicherung durch den Träger, den Bund oder das Land auf einen Versicherungsschutz. Ihre Haftpflichtschäden werden dann im Rahmen der Selbst- bzw. Staatsverwaltung reguliert und aus Eigen- bzw. Haushaltsmitteln beglichen.

9.4 Arzthaftpflichtversicherung – Umfang des Versicherungsschutzes

Der Versicherungsschutz im Rahmen der Heilwesenhaftpflichtversicherung umfasst die Prüfung der Haftpflichtfrage, die Abwehr unberechtigter Schadenersatzansprüche und die Freistellung des Versicherungsnehmers von berechtigten Schadenersatzverpflichtungen. Derartige Schadenfälle können alle Beteiligten (insbesondere die Anspruchsteller, Anspruchgegner und Schadenregulierer) vor weitreichende Herausforderungen stellen. Kommt es z. B. bei der Geburt durch eine fehlerhaft verspätete Schnittentbindung zu einer massiven Sauerstoffunterversorgung (Hypoxie) des kindlichen Gehirns, dann entstehen lebenslange, teils gravierende und irreparable Schäden. Dies ist für Eltern und Kind, wie auch die beteiligten Geburtshelfer, eine menschliche Tragödie.

Bei aller Tragik besteht die Kernaufgabe der Haftpflichtversicherung – auch im Heilwesensegment – selbst bei allerschwersten Fällen darin, im Rahmen der vertraglichen Deckungssummen, Schadenersatzansprüche privatrechtlichen Inhalts, die gegen den Versicherten geltend gemacht werden, gewissenhaft und neutral im Rahmen der gesetzlichen Vorgaben zu überprüfen. Die eintrittspflichtige Haftpflichtversicherung lässt solche Schadenfälle üblicherweise daher nur von erfahrenen Juristen bearbeiten, die neben vertieften juristischen und medizinischen Kenntnissen auch über genügend Sensibilität im Umgang mit den Geschädigten im menschlichen Grenzbereich verfügen. Demnach berechtigte Schadenersatzansprüche sind zu befriedigen (Vermögensschutzfunktion der Haftpflichtversicherung), unberechtigte Schadenersatzansprüche sind abzulehnen (Rechtsschutzfunktion der Haftpflichtversicherung).

Die versicherungsrechtliche Begrenzung der Schadenersatzleistung auf die vereinbarte Deckungssumme ist dabei unabhängig davon, dass der Schädiger unbegrenzt haftet (Verschuldenshaftung), deshalb notwendig, um das Risiko adäquat kalkulieren zu können.

Sollte die Deckungssumme den Umfang des Schadens nicht erreichen, dann muss der Versicherte sich entsprechend am Schadenaufwand beteiligen, was zu seinem finanziellen Ruin führen kann. Deshalb sollten Kliniken und Ärzte stets so hohe Deckungssummen vereinbaren wie möglich.

9.4.1 Haftungsausschluss nur bei Vorsatz

Der Haftpflichtversicherungsschutz ist für die Versicherten umfassend. Der Versicherungsschutz wird nur dann versagt, wenn die versicherte Person vorsätzlich und widerrechtlich den Schaden herbeigeführt hat (vgl. § 103 VVG). Dies betrifft eigentlich lediglich den Bereich der echten Kriminalität. Im Umkehrschluss zu § 103 VVG besteht immer dann Versicherungsschutz, soweit der Versicherte nicht vorsätzlich handelt; somit besteht bei grob fahrlässigem Handeln voller Versicherungsschutz.

Dies gilt auch für den groben Behandlungsfehler. Liegt ein grober Behandlungsfehler vor und ist dieser grundsätzlich geeignet, eine Verletzung des Lebens, des Körpers oder der Gesundheit der tatsächlich eingetretenen Art herbeizuführen, wird vermutet, dass der Behandlungsfehler für diese Verletzung ursächlich war. Die dem Kläger hierfür grundsätzlich obliegende Beweislast wird somit auf den Beklagten verlagert. Damit ist in der Regel der Prozess für den Kläger gewonnen und die Haftpflichtversicherung ist dann eintrittspflichtig.

An dieser Stelle ist allerdings darauf hinzuweisen, dass oftmals die Rechtsfigur des groben Behandlungsfehlers fälschlicherweise mit der der groben Fahrlässigkeit gleichgesetzt wird. Grobe Fahrlässigkeit erfordert zusätzlich eine subjektive Vorwerfbarkeit, die das gewöhnliche Maß weit übersteigt. Ein grober Behandlungsfehler hingegen liegt nach ständiger Rechtsprechung vor, wenn der Arzt eindeutig gegen bewährte ärztliche Behandlungsregeln oder gesicherte medizinische Erkenntnisse verstoßen und einen Fehler begangen hat, der aus objektiver Sicht nicht mehr verständlich erscheint, weil er einem Arzt schlechterdings nicht unterlaufen darf. Anders als im Rahmen der groben Fahrlässigkeit kommt es hier auf die subjektive Seite nicht an. Es wird nicht vorausgesetzt, dass dem Arzt auch in subjektiver Hinsicht ein schwerer Vorwurf zu machen ist.

9.4.2 Außerdienstliche Tätigkeit

Besteht für ein Krankenhaus eine Haftpflichtversicherung, erstreckt sich der Versicherungsschutz nach § 102 VVG nicht nur auf die Vertreter der Geschäftsführung, sondern auch auf alle Personen, die in einem Dienstverhältnis zu dem Krankenhaus stehen. Alle Angestellten des Krankenhauses (ärztliches und pflegerisches Personal, etc.) haben durch die Klinikpolice, soweit sie bei einer dienstlichen Tätigkeit einen Schaden verursachen, Versicherungsschutz. Im Umkehrschluss sind Schäden, die ein Krankenhausangestellter im außerdienstlichen Bereich verursacht, nicht versichert. Wenn z. B. ein angestellter Arzt eine ambulante Praxisvertretung in seiner Freizeit übernimmt, ist er jedenfalls nicht über die Klinikpolice versichert.

9.4.3 Belegärzte

Belegärzte sind nie über die Krankenhauspolice versichert, soweit anderes nicht explizit vereinbart ist. Sie benötigen selbst eine eigene Berufshaftpflichtversicherungspolice.

Das Sozialrecht definiert den Belegarzt als einen nicht am Krankenhaus angestellten Vertragsarzt, der berechtigt ist, seine Patienten (Belegpatienten) im Krankenhaus unter Inanspruchnahme der hierfür bereitgestellten Dienste, Einrichtungen und Mittel vollstationär oder teilstationär zu behandeln, ohne hierfür vom Krankenhaus eine Vergütung zu erhalten (§§ 121 Abs. 2 SGB V, 18 KHEntgG). Die dabei möglichen Vertragsgestaltungen und Haftungsabsprachen zwischen Belegarzt und Krankenhaus sind vielfältig. Entsprechend kann – wird ein Patient eines Belegarztes im Belegkrankenhaus geschädigt – die Beantwortung der Frage, wer für welche Fehler haftet, äußerst diffizil sein und ist nur von Spezialisten im Einzelfall zu klären.

9.4.4 Regulierungsvollmacht, Prozessführungsvollmacht

Im Verhältnis zur versicherten Person ist der Versicherer aufgrund der Allgemeinen Versicherungsbedingungen (AHB) unwiderruflich bevollmächtigt, für die Versicherten umfassend zu handeln (Regulierungsvollmacht). Diese weitgehende Vollmacht ist deshalb berechtigt, weil schließlich der Versicherer die wirtschaftliche Last von Schadensfällen vertragsgemäß zu tragen hat.

Der Versicherer ist deshalb befugt, im Namen der Versicherten erforderliche Erklärungen abzugeben und außergerichtliche und gerichtliche Vergleichsverhandlungen zu führen. Dies gilt auch für die Prozessführung. Der Versicherer bestimmt den zu beauftragenden Rechtsanwalt und die gesamte Prozessführung einschließlich der Zustimmung oder Ablehnung eines gerichtlichen Vergleichs. Der Versicherte muss den Weisungen des Versicherers folgen und nicht umgekehrt.

Dem Versicherer wird für seine Regulierungstätigkeit ein erheblicher Ermessenspielraum eingeräumt, um eine ordnungsgemäße Schadenregulierung zu ermöglichen.

9.4.5 Strafverfahren

Oben Genanntes gilt nicht für ein mögliches strafrechtliches Ermittlungsverfahren wegen eines Ereignisses aus ärztlicher oder medizinischer Tätigkeit.

Soweit nicht ein erweiterter Strafrechtsschutz vereinbart ist, wodurch z. B. die Gerichtskosten sowie die (gebührenordnungsmäßigen) Kosten der Verteidigung gedeckt sind, übernimmt der Haftpflichtversicherer grundsätzlich in diesem Verfahren keine Kosten.

Der Beschuldigte und sein Anwalt haben dann natürlich auch freie Hand in der Gestaltung der Verteidigung. Der Haftpflichtversicherer wird in der Regel den Ausgang des Ermittlungsverfahrens abwarten. Eine Strafanzeige kann somit zur Verzögerung in der Bearbeitung eines Arzthaftpflichtschadens durch die Haftpflichtversicherung beitragen. Eine im Strafverfahren ausgeurteilte Strafe selbst wird selbstverständlich in keinem Fall von der Haftpflichtversicherung übernommen.

9.5 Schadenereignis- oder Verstoßprinzip

In den Allgemeinen Versicherungsbedingungen (AHB) ist der Versicherungsfall für die Arzthaftung als Schadenereignis definiert.

Schadenereignis ist das Ereignis, als dessen Folge die Schädigung des Dritten unmittelbar entstanden ist. Dieses muss in den Zeitraum fallen, für den Versicherungsschutz besteht. Nach Ziff. 1.1 S. 2 AHB ist der Begriff des Schadenereignisses i.S.d. Folgeereignistheorie zu verstehen. Bei der Bestimmung des Zeitpunktes des Versicherungsfalles kommt es danach nicht auf den Zeitpunkt der Schadenverursachung, die zum Schadenereignis geführt hat an, sondern auf den Vorgang, als dessen Folge die Schädigung eines Dritten unmittelbar eintritt. Entscheidend ist somit das „letzte Ereignis" vor dem Schadeneintritt.

Auch bei dieser Versicherungsfall-Definition besteht für den Versicherer ein erhebliches Spätschadenrisiko, dem in AHB durch Nachmeldefristen entgegengewirkt wird. Bei Praxisaufgabe oder bei Versichererwechsel kann das Schadenereignisprinzip zudem zu Problemen führen, wenn die Pflichtverletzung während der Vertragslaufzeit erfolgte, das Schadenereignis aber nach Vertragsbeendigung eintritt.

Zur Verdeutlichung dient folgendes Beispiel: Ein Radiologe bestrahlt mehrere Patienten versehentlich mit einer zu hohen Dosis. Zum Ende des Jahres schließt er seine Praxis. Im folgenden Jahr, die Versicherung wurde bereits beendet, melden sich die Patienten mit den Strahlungsschäden und verlangen Schadenersatz. Nach dem Schadenereignisprinzip besteht kein Versicherungsschutz für den Radiologen, da das Schadenereignis erst nach Beendigung der Versicherungspolice evident wurde. Deshalb benötigen Ärzte, die ihre Praxen schließen, eine sogenannte Nachversicherungspolice.

Wer bereits in der falschen Strahlendosis das Schadenereignis annehmen will, folgt dem sog. Verstoßprinzip, dann wäre doch noch der Arzthaftpflichtversicherer eintrittspflichtig. Diese Auffassung hat sich angesichts vielfältiger Änderungen der AHB jedoch mittlerweile wohl erledigt. Zwar wurden Bedenken im Hinblick auf die AGB-rechtliche Wirksamkeit dieser Änderung der AHB geäußert. Diese hat der BGH mit Urteil vom 26.3.2014 (AZ: IV ZR 422/12) jedoch ausgeräumt.

9.6 Aspekte der Schadenbearbeitung

Der Versicherungsnehmer ist zur zeitigen Schadenmeldung verpflichtet (versicherungsrechtliche Obliegenheit). Schadenfälle sind innerhalb einer Woche zu melden (vgl. § 104 VVG). Wird der Anspruch gerichtlich geltend gemacht, muss dies dem Versicherer unverzüglich angezeigt werden. Dies gilt auch, wenn ein Ermittlungsverfahren eingeleitet wird.

Liegt dem Versicherer eine Schadenmeldung vor, prüft dieser zuerst, ob Deckung zu gewähren ist. Er prüft die Haftung dem Grunde nach und dann die Höhe des Schadens. Erst wenn diese Prüfungen abgeschlossen sind, werden berechtigte Schadenersatzansprüche befriedigt, unberechtigte abgelehnt. Wird die Haftung bejaht, ist der Schadenumfang aber noch nicht in vollem Umfang darstellbar, werden Vorschüsse gezahlt, die dann mit berechtigten Ansprüchen verrechnet werden.

Der Versicherer wird so umfassend wie möglich den Sachverhalt ermitteln. Es werden die Behandlungsunterlagen einschließlich aller Dokumentationen angefordert, der behandelnde und der nachbehandelnde Arzt werden befragt und zu Stellungnahmen aufgefordert. Bestehen zum weiteren medizinischen Sachverhalt Zweifel, dann wird ein interner Beratungsarzt eingebunden und mit ihm der gesamte Sachverhalt besprochen. In vielen Fällen kann dann bereits mit Hilfe des Beratungsarztes die Haftung dem Grunde nach beurteilt werden. Der Geschädigte bzw. sein Anwalt wird dann gebeten, den zu ersetzenden Schaden möglichst genau zu beziffern und zu belegen.

Folgende **Schadenspositionen** werden dann in der Regel geltend gemacht:

- Schmerzensgeld
- Heilbehandlungskosten
- Pflegekosten
- Rehabilitationsmaßnahmen
- Verdienstausfall
- Mobilitätskosten
- Bei Dauerschaden: Renten, Umbauten
- Bei Tod: Beerdigungskosten, Unterhalt für Hinterbliebene

9.6.1 Schmerzensgeld

Die Schadenregulierung erfolgt immer nur in dem von Rechtsordnung und Rechtsprechung bestimmten Rahmen. Besonders weit ist der rechtliche Rahmen bei der Bemessung des Schmerzensgeldes. Beim Schmerzensgeld steht der Entschädigungs-/Ausgleichsgedanke im Vordergrund. Danach ist das Schmerzensgeld geprägt durch zwei Komponenten: Der Geschädigte soll einen angemessenen Ausgleich erhalten für diejenigen Schäden, die nicht vermögensrechtlicher Art sind (Ausgleichsfunktion). Zugleich ist dem Gedanken Rechnung zu tragen, dass der Schädiger dem Geschädigten für das, was er ihm angetan hat, Genugtuung schuldet (Genugtuungsfunktion).

Wesentliche Bemessungsgrundlagen für das **Schmerzensgeld** sind daher vor allem

- die Schwere der Verletzungen,
- die Dauer der Behandlung,
- die Schmerzhaftigkeit der Verletzungen,
- der verbleibende Grad der Behinderung,
- psychische Beeinträchtigungen,
- die Dauer der Leidenszeit.

Maßgeblich ist somit das gesamte individuell erlebte Leiden des Geschädigten. Jedoch auch in Fällen, in denen beim Geschädigten infolge Hirnverletzungen die Wahrnehmungsfähigkeit vermindert oder gar erloschen ist, so dass ihm das kognitive Erkennen seiner Situation nicht oder kaum möglich ist, darf es keine Reduzierung des Schmerzensgeldes geben. Nachdem hier vormals lediglich eine symbolische und damit reduzierte Entschädigung für angemessen gehalten wurde (Genugtuungsfunktion des Schmerzensgeldes), hat der Bundesgerichtshof diese Rechtsprechung bereits 1992 aufgegeben. Der BGH hat dies im Wesentlichen mit der grundgesetzlich garantierten Menschenwürde und dem unzerstörbaren Persönlichkeitsrecht begründet. Im Ergebnis ist also auch bei einem lebenslangen Wachkoma (apallisches Syndrom) ein Schmerzensgeld zuzusprechen, das sich an den schwersten Fällen mit intakter Wahrnehmungsfähigkeit orientiert. Hier sind Beträge im sechsstelligen Bereich bis zu 700.000 € (LG Aachen Urteil vom 30.11.2011, AZ.: 11 O 478/09) ausgeurteilt worden.

Bei der Bemessung der Höhe des Schmerzensgeldes ist nach einem Urteil des BGH (BGHZ 18,149) im Rahmen der Gesamtumstände auch das Bestehen einer Haftpflichtversicherung und das Regulierungsverhalten des Haftpflichtversicherers zu berücksichtigen. So kann eine verzögerte Regulierung durch den Versicherer eine Rolle spielen, insbesondere wenn die Beeinträchtigungen, die der Anspruchsteller durch ein schuldhaftes Verhalten erlitten hat, als Folge dieser Regulierungsverzögerungen andauern oder verstärkt werden.

Obwohl jeder Fall anders gelagert und dementsprechend jeweils anders zu beurteilen ist, behilft sich die Regulierungspraxis mit der Auswertung vergleichbarer Gerichtsurteile. Schmerzensgeldtabellen mit Tausenden von Urteilen (überwiegend aus dem Verkehrsrecht) werden regelmäßig aktualisiert und veröffentlicht (z. B. Hacks, Wellner, Häcker, Schmerzensgeldbeträge 2018, 36. Auflage, oder auch Andreas Slizyk, Beck´sche Schmerzensgeldtabelle).

Der Schmerzensgeldanspruch ist bei Tod des Verletzten vererbbar. Nahen Angehörigen des Geschädigten kann bei dessen Tod darüber hinaus ein eigener Schmerzensgeldanspruch (als sog. Schockschaden) zustehen, wenn die Trauer über den Verlust eines nahen Angehörigen zu einer eigenen Gesundheitsverletzung in Form von schweren psychischen Störungen mit Krankheitswert führt.

Die bei diesem Verlust ohne Krankheitswert entstehenden Gefühle von Trauer, Schmerz und Niedergeschlagenheit wurden vom geltenden Recht indes bisher als entschädigungslos hinzunehmendes Schicksal angesehen. Dies hat der Gesetzgeber durch die Einführung des Hinterbliebenengeldes (§ 844 Abs. 3 BGB) korrigiert. Danach erhält der Hinterbliebene, der zu dem Getöteten in einem besonderen persönlichen Näheverhältnis stand (z. B. Ehegatte, Lebenspartner, Elternteil oder Kind), für das ihm zugefügte seelische Leid eine angemessene Entschädigung in Geld, unabhängig vom Nachweis einer medizinisch fassbaren Gesundheitsbeeinträchtigung. Damit wird die Rechtsprechung zu sogenannten Schockschäden nicht hinfällig. Das Hinterbliebenengeld geht vielmehr in dem (weiter reichenden) dafür geschuldeten Schmerzensgeld auf, da es denselben Zweck verfolgt, nämlich erlittenes Leid auszugleichen.

9.6.2 Schmerzensgeldrente

Das Schmerzensgeld ist grundsätzlich als Kapitalbetrag zu zahlen. Daneben kann eine monatliche lebenslange Schmerzensgeldrente (zwischen 300 und 650 €) berechtigt sein. Allerdings ist dennoch der Schmerzensgeldanspruch einheitlich zu bewerten. Die Rente ist gedanklich mit dem Kapitalwert dem zugesprochenen Schmerzensgeldbetrag zuzurechnen. Die Berechnung des Kapitalwertes hängt ab von dem anzuwendenden Zinssatz und der statistischen Lebenserwartung zum Zeitpunkt der Kapitalisierung. Die Lebenserwartung wird nach statistischen Durchschnittswerten – für Männer und Frauen getrennt – berechnet und den offiziellen Sterbetafeln des Statistischen Bundesamtes entnommen. Eine Reduzierung der Lebenserwartung Schwerstgeschädigter vom Durchschnittswert kommt nur dann in Betracht, wenn dies medizinisch begründbar ist. Bei einem 4 ½-jährigen Mädchen und bei einem Zinssatz von 4 % beträgt der Kapitalisierungsfaktor 24,196 (vgl. Küppersbusch/Höher, 12. Auflage, Ersatzansprüche bei Personenschäden). Der Kapitalwert der Rente in dem Beispiel errechnet sich daher wie folgt:

650,00 € x 12 (Monate) x 24,196 (KF) = 188.728,80 € (Kapitalwert)

Wenn ein Gericht in diesem Beispielfall das Schmerzensgeld mit 500.000,00 € und eine Schmerzensgeldrente von monatlich 650 € zuspricht, so sind dies letztlich 688.728,80 €. Dies ist einer der bisher höchsten Beträge, den ein deutsches Gericht in einem Arzthaftungsfall (Narkosezwischenfall bei Operation eines Armbruchs mit schwerer Hirnschädigung infolge nicht rechtzeitig erkannter erheblicher Sauerstoffunterversorgung) ausgeurteilt hat.

Ein zusätzliches Feststellungsinteresse bezüglich künftiger immaterieller Schäden besteht nicht. Dies gebietet der Grundsatz der Einheitlichkeit des Schmerzensgeldes, der eine ganzheitliche Betrachtung und Bemessung erfordert. Die künftige Entwicklung des Schadensbildes ist bereits bei der Bemessung des Schmerzensgeldes einzubeziehen und ggf. zusätzlich durch eine Schmerzensgeldrente abzugelten, die neben dem immateriellen Schaden zugleich der Dauerbeeinträchtigung des Verletzten angemessen Rechnung trägt.

9.6.3 Pflegekosten

Größter Schadensposten bei der Regulierung von Ansprüchen bei schweren Hirnverletzungen, sei es durch z. B. einen Narkosezwischenfall oder durch verspätete Schnittentbindung, ist nicht das Schmerzensgeld, sondern der Aufwand für Pflege. Bei einer 24-Stunden-Pflege fallen erhebliche Kosten durch Pflegedienste an, auch wenn die Pflege durch Angehörige geleistet oder ergänzt wird. Übernehmen Angehörige die Pflege, wird die Pflegeleistung zu den Nettokosten einer vergleichbaren Pflegekraft entschädigt.

Der Versicherer kann grundsätzlich nicht verlangen, dass der Pflegebedürftige in einem Pflegeheim untergebracht wird, selbst wenn die Heimkosten finanziell günstiger wären.

In einem Pflegefall hat auch die gesetzliche Pflegeversicherung Sozialleistungen zu erbringen. Diese Leistungen sind aber oft nicht ausreichend. Im höchsten Pflegegrad 5 werden aktuell monatlich bei vollstationärer Versorgung in einem Pflegeheim maximal 2.005 € übernommen. Bei häuslicher Versorgung durch Angehörige oder Freunde stehen Pflegebedürftigen mit Pflegegrad 5 ein Pflegegeld in Höhe von 901 € bzw. bei professioneller Pflege durch einen ambulanten Pflegedienst Pflegesachleistungen in Höhe von 1.995 € zur Verfügung.

Sowohl die Pflege in einem Heim als auch die ambulante Pflege zu Hause können jedoch Kosten verursachen, die leicht das Doppelte oder sogar Dreifache dessen betragen, was die Pflegekasse leistet. Für die dadurch entstehende Finanzierungslücke wird grundsätzlich der Betroffene herangezogen. Diese Finanzierungslücke spielt in einem Haftpflichtfall indes keine Rolle, denn das Schadensersatzrecht verpflichtet den Schädiger, sämtliche Kosten der medizinisch notwendigen Pflege zu übernehmen (Pflegekosten sind in der Terminologie des Schadensersatzrechts *vermehrte Bedürfnisse*, vgl. § 843 BGB).

9.6.4 Forderungsübergang von Leistungen der Sozialsysteme

An dieser Schnittstelle des Schadensersatzrechts mit dem Sozialrecht ist bei der Bearbeitung von Personenschäden stets zu beachten, dass der Gesetzgeber bereits im Zeitpunkt des Schadensereignisses den

Übergang des Schadensersatzanspruchs des Geschädigten auf den Sozialversicherungsträger anordnet, soweit dieser aufgrund des Schadensereignisses kongruente Leistungen zu erbringen hat (vgl. § 116 SGB X).

Dieser gesetzlich angeordnete Forderungsübergang gilt für

- die Rentenversicherung,
- Berufsgenossenschaften,
- gesetzliche Kranken- und Pflegekassen,
- Sozialhilfeträger,
- auch für die Bundesagentur für Arbeit und
- für die Träger der Grundsicherung für Arbeitssuchende.

Sobald Leistungen erbracht wurden, die der Behebung des gleichen Schadens dienen, kann der Sozialversicherungsträger beim Schädiger oder seiner Haftpflichtversicherung Regress nehmen.

Wird ein Mitglied einer gesetzlichen Krankenkasse aufgrund eines schädigenden Ereignisses zur ärztlichen Behandlung in ein Krankenhaus eingeliefert, werden die Kosten vom Krankenhaus mit der zuständigen Krankenkasse abgerechnet. Die Krankenkasse regressiert dann diese Aufwendungen vom Schädiger, da die Heilbehandlungskosten der Behebung der Verletzungen dienen und genau dafür gem. § 249 BGB der Schädiger zum Schadensersatz (Wiederherstellung der Gesundheit) verpflichtet ist. Durch den Forderungsübergang und der dadurch ermöglichten Regressnahme ist sichergestellt, dass der Schädiger/Haftpflichtversicherer die finanziellen Lasten aller relevanten Schadenpositionen zu tragen hat und nicht etwa ein erheblicher Teil bei den Sozialversicherungssystemen verbleibt.

9.6.5 Fallbeispiel

Im Schadenfall ist der Geschädigte so zu stellen wie er stünde, wenn sich die Schädigung nicht ereignet hätte. Man muss daher von einer durchschnittlichen Lebensbiographie ausgehen. Wenn wir also beispielhaft (und stark vereinfacht) annehmen, dass bei einer lebenslangen erheblichen Dauerbehinderung intensive Pflegeleistungen vom Schadensersatzanspruch umfasst sind, so sind je nach Einzelfall monatliche Pflegekosten zwischen 3.000 und 6.000 € und auch mehr zu ersetzen. (In Beatmungsfällen können die monatlichen Kosten bis zu 20.000 € betragen).

Bei Pflegekosten von monatlich 5.000 € sind dies 60.000 € im Jahr, kapitalisiert mithin ca. 1.500.000 €. Hinzu kommt der hypothetische Verdienstausfall in Höhe von ca. 900.000 € (kann nach dem Durchschnittsverdienst berechnet werden, der in Anlage 1 zum SGB VI ausgewiesen ist).

Wenn man zudem für angefallene und zukünftige stationäre und ambulante Heilbehandlungskosten 450.000 € annimmt und für sonstige vermehrte Bedürfnisse (z. B. Umbaukosten, Mobilitätskosten, Haushaltshilfe, Kosten für Förderung und Integration) 600.000 €, so hat der Gesamtschaden eines schweren Personenschadens ungefähr folgenden Umfang:

Schmerzensgeld incl. Schmerzensgeldrente	700.000 €
Pflege lebenslang	1.500.000 €
Verdienstausfall	1.000.000 €
Heilbehandlung	450.000 €
Sonstige vermehrte Bedürfnisse	600.000 €
Zusammen	**4.250.000 €**

9.6.6 Mitverschulden

Der Arzt schuldet nicht einen bestimmten Behandlungserfolg, sondern eine Behandlung, die uneingeschränkt dem Facharztstandard zu entsprechen hat, und dies jeden Tag, 24 Stunden. Dabei muss der Arzt den Patienten so nehmen, wie er ist und es ist grundsätzlich irrelevant, ob der Patient seine Behandlungsbedürftigkeit selbst verschuldet hat (z. B. Verletzungen bei Ausübung eines Extremsports).

Das Verhalten des Patienten kann sich jedoch dann schadenmindernd auswirken, wenn er sich z. B. ärztlichen oder pflegerischen Behandlungsanordnungen widersetzt. Gemäß § 630c Abs. 1 BGB sollen Behandelnder und Patient zur Durchführung der Behandlung zusammenwirken. Ausweislich der Gesetzesbegründung zum Patientenrechtegesetz (BTDrs. 17/10488 S. 21) handelt es sich dabei um eine „allgemeine Obliegenheit des Patienten". Der Behandlungsseite steht zwar kein Anspruch gegen den Patienten auf Erfüllung zu und die Verletzung dieser Obliegenheit begründet keine Schadensersatzpflicht, der Verstoß dagegen kann jedoch ein Mitverschulden des Patienten i.S.d. § 254 BGB begründen.

Hierbei ist allerdings zu beachten, dass mit Rücksicht auf den Wissens- und Informationsvorsprung des Arztes gegenüber dem medizinischen Laien die Nichtbefolgung ärztlicher Anweisungen oder Empfehlungen nur dann als Mitverschulden oder Obliegenheitsverletzung angelastet werden kann, wenn der Patient diese Anweisungen auch verstanden hat.

9.6.7 Verjährung

Die regelmäßige Verjährungsfrist für Schadenersatzansprüche beträgt 3 Jahre und beginnt mit dem Schluss des Jahres, in dem der Anspruch entstanden ist und der Geschädigte von den den Anspruch begründenden Umständen und der Person des Schädigers Kenntnis erlangt hat oder ohne grobe Fahrlässigkeit erlangen musste. (vgl. §§ 194,195, 199 Abs. 1 BGB).

Unabhängig davon verjähren gemäß § 199 Abs. 2 BGB Schadensersatzansprüche, die auf der Verletzung des Lebens, des Körpers, der Gesundheit oder der Freiheit beruhen, in 30 Jahren. Dies ist eine „Höchstfrist", innerhalb derer ein solcher Anspruch – abweichend von der 3-jährigen Regelfrist – spätestens verjährt. Diese Höchstfrist beginnt – kenntnisunabhängig – mit Vornahme der Handlung, die den Schadensersatzanspruch begründet. Beruht der Schadenersatzanspruch somit – wie im Arzthaftpflichtbereich üblicherweise gegeben – auf einer „Verletzung… des Körpers, der Gesundheit oder Freiheit", verjährt dieser Anspruch kenntnisabhängig in 3 Jahren, in jedem Fall ist er aber kenntnisunabhängig spätestens nach 30 Jahren verjährt

(Höchstfrist). Maßgeblich ist somit immer die zuerst ablaufende Frist. Sofern der Schmerzensgeldanspruch somit bereits zuvor – nämlich nach 3 Jahren – verjährt ist, hilft die Höchstfristenregelung des § 199 Abs. 2 BGB dem Geschädigten nicht mehr.

Sucht ein Patient, der über die Ordnungsgemäßheit einer ärztlichen Behandlung zweifelt, einen Rechtsanwalt auf und ist das Ergebnis dieser Konsultation ein anspruchsanmeldendes Schreiben an den vermeintlichen Haftungsschuldner, liegt regelmäßig die erforderliche Kenntnis im Sinne von § 199 Abs. 1 Nr. 2 BGB vor. Spätestens mit einem solchen Schreiben beginnt dann mit Ende des Jahres die 3-jährige Verjährungsfrist zu laufen.

9.7 Anerkenntnisverbot

Die richtige Kommunikation ist gerade im Gesundheitsbereich ein wichtiges Anliegen und kann auch präventive Wirkung im Hinblick auf Schadenfälle haben. So wurden im September 2007 die Ergebnisse einer groß angelegten Studie im „Journal of the American Medical Association" (JAMA 2007; 298:993–1001) mit folgenden Worten publik gemacht: „Kommunikative Fähigkeiten vermeiden Patientenbeschwerden – Kommunikation ist ein wichtiger Bestandteil der ärztlichen Kunst. Wer im Studium den Umgang mit dem Patienten nicht gelernt hat, sieht sich im späteren Berufsleben häufig mit Patientenbeschwerden konfrontiert."

Aber auch – oder sogar gerade – im Schadenfall ist die richtige Kommunikation essenziell. Denn der Patient soll vor allem in dem Moment, in dem etwas nicht optimal gelaufen ist, nicht vor einer „Mauer des Schweigens" alleine gelassen werden. Offenheit, Empathie und vor allem Hilfe haben im Vordergrund zu stehen. Dabei ist zu beachten, dass Schadenfälle für alle Beteiligten – Patienten wie auch Ärzte und Pflegekräfte – zuweilen eine große Belastung und auch eine große Herausforderung bedeuten. Zwischenzeitlich existieren zu diesem Thema vielfältige Handlungsempfehlungen (z. B. „Reden ist Gold" vom Aktionsbündnis Patientensicherheit).

Aus rechtlicher Sicht ist darauf hinzuweisen, dass zum einen nach der Reform des Versicherungsvertragsgesetzes ab 1.1.2008 ein vertraglich vereinbartes Anerkenntnisverbot nach § 105 VVG unwirksam ist. Der Versicherte, der ohne Absprache mit dem Versicherer ein Anerkenntnis abgibt, verliert nicht mehr wie früher den Versicherungsschutz, allerdings ist dieses Anerkenntnis für den Versicherer nicht bindend.

Zum anderen normiert § 630c Abs. 2 Satz 2 BGB, dass der Behandelnde auf Nachfrage oder zur Abwendung gesundheitlicher Gefahren den Patienten darüber zu informieren hat, wenn für ihn Umstände erkennbar sind, die die Annahme eines Behandlungsfehlers begründen.

Nichtsdestotrotz sollte der behandelnde Arzt, dem eine Fehlbehandlung vorgeworfen wird, sich auf die Erläuterung des objektiven Tatbestandes beschränken, keine Verschuldensvermutungen anstellen und sich gegenüber seinem Patienten nicht rechtlich bindend (durch Anerkenntnis oder Schuldübernahme) äußern, sondern immer an den Versicherer verweisen, der dann für ihn umfassend tätig wird.

9.8 Kein Direktanspruch

Anders als bei der Kraftfahrthaftpflicht mit gesetzlicher Versicherungspflicht und Direktanspruch gibt es im Heilwesensegment keinen Direktanspruch gegen den Heilwesenversicherer. Schadensersatzansprüche müssen deshalb immer gegen das Krankenhaus als juristische Person und/oder die angestellten Klinikmitarbeiter geltend gemacht werden. Eine Direktklage gegen den Versicherer würde daher aufgrund fehlender Passivlegitimation abgewiesen werden.

9.9 Patientenhilfe

Der Geschädigte kann sich zur Unterstützung bei der Geltendmachung von Ansprüchen wegen Fehlbehandlung an verschiedene unabhängige Organisationen wenden. Häufig werden die Gutachter- und Schlichtungsstellen der Ärztekammern eingeschaltet. Diese erstellen nach Antrag ein ärztliches Gutachten zur Frage, ob ein Behandlungsfehler vorliegt. Dieses Verfahren ist für den Geschädigten kostenlos. Sollte im Gutachten der Schlichtungsstelle ein Behandlungsfehler angenommen werden, ist der Versicherer zwar nicht dazu verpflichtet, dieser Beurteilung zu folgen, er wird dies aber regelmäßig tun. Die Gutachterkommissionen und Schlichtungsstellen genießen bei den Beteiligten eine hohe Akzeptanz. Art und Häufigkeit ärztlicher Behandlungsfehler werden bundeseinheitlich statistisch erfasst und veröffentlicht (Medical Error-Reporting System, vgl. Deutsches Ärzteblatt, Heft 25, 22.06.2012, C1107). Somit kann die Ärzteschaft Fehler systematisch aufarbeiten und Fehlervermeidungsstrategien entwickeln (vgl. ebenda Crusius, Vorsitzender der Ständigen Konferenz der Gutachterkommissionen und Schlichtungsstellen).

Auch die gesetzlichen Krankenkassen sind gehalten, ihre Versicherten zu unterstützen, wenn diese den Verdacht eines Behandlungsfehlers äußern. Beim Medizinischen Dienst der Krankenkassen (MDK) werden dann für die Versicherten kostenlose medizinische Gutachten erstellt.

Sehr oft werden Ansprüche gleich zu Beginn mit Hilfe eines Rechtsanwalts geltend gemacht. Bei der nicht nur medizinisch, sondern auch rechtlich komplizierten Materie ist das aus der Sicht der Haftpflichtversicherung nur zu begrüßen. Neben dem Fachanwalt für Medizinrecht gibt es professionelle Mediatoren, die in einer Art Güteverfahren eine außergerichtliche Einigung erzielen wollen. Bei Arzthaftungsfällen sind bisher Mediatoren nur ganz vereinzelt eingeschaltet worden. Unter Umständen kann ein Mediatorverfahren jedoch eine durchaus interessante Alternative zu einem gegebenenfalls sehr langen zivilgerichtlichen Verfahren sein.

9.10 Prozessdauer

In der Regulierungspraxis werden mehr als 90 % der Fälle außergerichtlich geklärt, meist innerhalb von ein bis zwei Jahren. Geht allerdings ein Fall vor Gericht, kann diese Zeit erheblich überschritten werden.

Die lange Verfahrensdauer eines Arzthaftungsprozesses ist dabei insbesondere der Einholung von Sachverständigengutachten, also ärztlichen Fachgutachten, geschuldet. Der Tatrichter im Arzthaftungsprozess ist nach ständiger höchstrichterlicher Rechtsprechung verpflichtet, in erhöhtem Maße den medizinischen Sachverhalt aufzuklären. Das Gericht kennt jedoch regelmäßig weder den vom Behandler zu wahrenden Facharztstandard noch kann es beurteilen, ob der Behandler davon im Streitfall vorwerfbar abgewichen ist und der eingetretene Schaden hierauf beruht. Zur Beantwortung dieser Fragen ist es mangels eigener medizinischer Fachkenntnisse in aller Regel auf das Gutachten eines medizinischen Sachverständigen angewiesen. Dazu beauftragen Gerichte in der Regel renommierte Ärzte großer Kliniken. Der Gutachter hat sich im gerichtlichen Verfahren auf Ausführungen zum medizinischen Sachverhalt zu beschränken, deren rechtliche Würdigung bleibt dem Gericht vorbehalten.

Zu dem Gutachten können die Parteien sodann Stellung nehmen oder ihrerseits ein Gegengutachten vorlegen. Bei Unklarheiten müssen gegebenenfalls ergänzende Stellungnahmen des Sachverständigen oder gar weitere Gutachten eingeholt werden. Dies kann naturgemäß sehr zeitaufwändig sein. Die gutachterlichen Feststellungen werden sodann zur richterlichen Überzeugungsbildung herangezogen.

Wird ein Prozess dann noch über mehrere Instanzen geführt, verlängert sich die Zeit bis zu einer rechtskräftigen Entscheidung selbstverständlich entsprechend. Gegen das erstinstanzliche Urteil ist unter bestimmten Voraussetzungen das Rechtsmittel der Berufung zulässig, wobei das Berufungsgericht als sog. zweite Tatsacheninstanz weitere Beweise und damit auch erneut ärztliche Gutachten einholen kann. Gegen Berufungsurteile ist wiederum unter bestimmten Voraussetzungen das Rechtsmittel der Revision zulässig. Einige wenige Prozesse durchlaufen diesen Instanzenzug sogar bis zum Bundesgerichtshof. Solch ein Prozessgeschehen durch mehrere Instanzen kann dann schon mehr als sieben Jahre dauern, bis eine rechtskräftige Entscheidung vorliegt.

9.11 Fehlerquoten

Die Erfolge der Medizin sind unbestritten. Das deutsche Gesundheitssystem ermöglicht eine ärztliche Versorgung auf hohem Niveau. Gemessen an der großen Zahl millionenfacher Behandlungen sind die Fehlerquoten zwar gering. Über die Jahre hinweg zeigt sich jedoch ein stetiger Anstieg von Behandlungsfehlervorwürfen, wobei der Anteil der bestätigten Fehler prozentual konstant bleibt. Ausweislich der von der Bundesärztekammer veröffentlichten statistischen Erhebung der Gutachterkommissionen und Schlichtungsstellen wird in ca. 30 % der beanstandeten Behandlungsfälle ein Behandlungsfehler bejaht. Dabei beziehen sich die meisten Vorwürfe auf das Gebiet der Unfallchirurgie und Orthopädie.

Trotz umfänglicher qualitätssichernder Maßnahmen und umfänglichem Risikomanagement wird es immer wieder Behandlungsfehler geben – teilweise mit schicksalsschwerem und tragischem Ausgang für alle Beteiligten. Hier die Balance zu finden zwischen rechtlicher Wiedergutmachung und Linderung des menschlichen Leids ist nicht einfach und kann nicht immer gelingen.

10 Möglichkeiten und Grenzen der Unterstützung durch Selbsthilfeorganisationen

Ewald Kraus

10.1 Einleitung

Tagtäglich werden unzählige medizinische Eingriffe und Therapien vorgenommen. Viele riskante Operationen gelingen, verbessern die Lebensqualität und verlängern das Leben der Menschen.

Andererseits gibt es im Schatten der Medizinerfolge eine nicht unbeträchtliche Zahl von Schadensfällen. Gründe sind Fehldiagnosen, Eingriffsverwechslungen, Materialmängel und vieles andere mehr.

Die tatsächlichen Zahlen medizinischer Behandlungsfehler sind nicht bekannt. Jedoch spricht z. B. Prof. Dr. M. Schrappe, ehemaliger Vorsitzender des Aktionsbündnisses Patientensicherheit, von bis zu 680 000 vermeidbaren unerwünschten Ereignissen pro Jahr nur bei Behandlungen in Krankenhäusern (5. KTQ Forum, Köln, 27.05.2005). Denkt man hier an die vielen Arztkontakte in den freien Arztpraxen und Zahnarztpraxen, mit Heilpraktikern, Therapeuten usw., kann man sich gut vorstellen, dass die Anzahl von Fehlbehandlungen weitaus höher sein könnte als alle im Einzelnen genannten Zahlen. Diese Zahlen können jedoch nicht belegt werden. Es gibt keine zusammenhängende Dokumentation und umfassende Statistik darüber.

Solange man nicht selbst betroffen ist, befasst man sich in der Regel nicht mit dem Thema Behandlungsfehler. Aber fast alle Menschen werden im Laufe ihres Lebens einmal Patient und können Opfer eines Behandlungsfehlers werden. Medizingeschädigte Patienten haben keine Lobby und treffen völlig unvorbereitet auf Schwierigkeiten mit Ärzten, Versicherungen und Behörden. An diesem Punkt setzen die Selbsthilfeorganisationen an.

Als Beispiel sei die Notgemeinschaft Medizingeschädigter – Patient im Mittelpunkt – e. V. (NGM) nunmehr umbenannt in „Selbsthilfegemeinschaft Medizingeschädigter – Patient im Mittelpunkt – e.V. (SGM)" genannt, die als gemeinnützig anerkannter Selbsthilfeverein fungiert, in dem sich medizingeschädigte Patienten/Unfallopfer und/oder deren Angehörige zusammengeschlossen haben. Waren dies bei der Vereinsgründung am 3.10.1996 gerade einmal 20 Personen, so hat die Zahl der Beitritte im Laufe der Jahre stetig zugenommen. Mittlerweile hat die NGM/SGM rund 360 Mitglieder. Bereits in der Gründungssatzung wurde festgeschrieben, dass Vorstandsfunktionen nur von Personen übernommen werden können, die entweder selbst oder deren nahe Angehörige durch einen Behandlungsfehler geschädigt sind.

Vermutet ein Patient einen Behandlungsfehler, so stehen Selbsthilfeorganisationen wie die NGM/SGM parat und geben Antworten auf Fragen wie:

- Was ist zu tun?
- Wen kann ich ansprechen und in welcher Reihenfolge?
- Wie macht man es richtig?
- Was hat keinen Sinn?
- Habe ich überhaupt eine Chance und, wenn ja, welche?

Als Betroffener profitieren Sie von der Erfahrung von Menschen, die sich bereits in einer ähnlichen Situation befinden oder befunden haben.

10.2 Schwierigkeiten auf dem Weg zur Entschädigung

10.2.1 Beweislast und Gutachten

Im Falle eines vermuteten Behandlungsfehlers muss der Patient beweisen, dass der Arzt fahrlässig oder grob fahrlässig behandelt, nicht behandelt oder nicht aufgeklärt hat. Dazu benötigt man in aller Regel ein medizinisches Gutachten, das den Fehler und die Kausalität – d. h., dass aufgrund des Fehlers ein Schaden entstanden ist – belegt. Nur in seltenen Fällen kommt es zur Beweislastumkehr, z. B. bei groben Behandlungsfehlern, fehlender Aufklärung oder fehlender Dokumentation bzw. groben Dokumentationsmängeln. Wird so ein Fehler im Verfahren geltend gemacht, ist von den Gerichten jeder einzelne Fall zu prüfen. Es liegt dann in deren Ermessen, Beweiserleichterungen oder gar eine Beweislastumkehr zuzulassen. Aus unseren Erfahrungen zeigt sich auch, dass geschädigte Patienten negative Erfahrungen mit begutachtenden Ärzten machen, welche die fraglichen Fehler von Kollegen bewerten sollen. Ursächlich hierfür können mögliche Abhängigkeiten, materielle Interessenlagen und ideelle Wertvorstellungen, aber auch ein spezifisches Verständnis der ärztlichen Standesordnung sein.

Da in den meisten Fällen das Gutachten nach Aktenlage erstellt wird, ist es umso wichtiger, dass die relevanten Behandlungsunterlagen dem Gutachter vollständig vorliegen und ein vom Patienten erstelltes ausführliches Gedächtnisprotokoll beigefügt wird. Sollte eine Manipulation der Unterlagen festgestellt werden, kann der Patient strafrechtliche Schritte einleiten.

10.2.2 Verfahrensdauer und Finanzierung

Nicht selten ziehen sich Arzthaftungsprozesse über viele Jahre hin und laufen durch sämtliche Instanzen. Ärzte werden von Arzthaftpflichtversicherungen und Standesorganisationen angehalten, einen Behandlungsfehler nicht zuzugeben. Diese Erfahrung muss immer wieder gemacht werden, obwohl in den Jahren 2007 bzw. 2009 das Versicherungsvertragsgesetz geändert wurde. In § 105 heißt es jetzt:

Eine Vereinbarung, nach welcher der Versicherer nicht zur Leistung verpflichtet ist, wenn ohne seine Einwilligung der Versicherungsnehmer den Dritten befriedigt oder dessen Anspruch anerkennt, ist unwirksam.

Dies bedeutet, dass ein Arzt seinen Versicherungsschutz nicht verliert, wenn er einen Anspruch aus einem Behandlungsfehler anerkennt oder gar befriedigt. Allerdings muss er damit rechnen, dass er gezahlte Ansprüche nicht durch die Versicherung erstattet bekommt, wenn im expliziten Fall ein Behandlungsfehler dann tatsächlich nicht nachgewiesen werden konnte. Versicherungen haben einen langen Atem, sie können u. U. ein Verfahren so in die Länge ziehen, bis ein für den Patienten negatives Gutachten die unangenehme Tatsache aus der Welt schafft. Das geht nicht nur nervlich an die Substanz, sondern kann auch zu finanziellen Schwierigkeiten führen.

Eine Rechtsschutzversicherung deckt zwar in der Regel die Kosten des Verfahrens ab, aber die Kosten für ein Privatgutachten werden bedingungsgemäß nicht von ihr übernommen. Diese Auslagen bekommt man nur dann erstattet, wenn das Verfahren erfolgreich beendet wird oder sie in eine Vergleichsvereinbarung einfließen.

Ohne Rechtsschutzversicherung kann ein Rechtsstreit schnell zum finanziellen Desaster werden. Es besteht auch die Möglichkeit der Prozessfinanzierung, die von verschiedenen Versicherungen angeboten wird. Wenn nach Prüfung Aussicht auf Erfolg einer Klage besteht, übernehmen diese sämtliche Risiken der Verfahrenskosten, meist allerdings erst ab einem höheren Streitwert ab ca. 50 000 €. Wird das Verfahren gewonnen, wird der Prozessfinanzierer nach Abzug aller auf den Kläger entfallenden Verfahrenskosten mit ca. 20–40 % am Rest der erstrittenen Summe beteiligt.

Für diejenigen, die nur über ein geringes Einkommen verfügen, besteht die Möglichkeit, Prozesskostenhilfe zu beantragen. Wenn das ermittelte anzurechnende Einkommen einen bestimmten Betrag unterschreitet, erhält der Antragsteller Prozesskostenhilfe und muss dann weder Gerichtskosten noch Anwaltskosten zahlen. Wenn er jedoch den Prozess verliert, hat er die Kosten des gegnerischen Anwalts zu tragen. In bestimmten Fällen werden die Kosten im Rahmen der Prozesskostenhilfe nur vorgestreckt und müssen dann in Raten zurückgezahlt werden. Ändern sich die Vermögensverhältnisse, kann man auch später noch zur Rückzahlung der Prozesskostenhilfe herangezogen werden.

10.2.3 Der richtige Rechtsanwalt

Nicht jeder Rechtsanwalt ist in der Lage, Patienten in einem berechtigten Arzthaftungsverfahren erfolgreich zu vertreten. Es ist wichtig, darauf zu achten, dass der zu beauftragende Rechtsanwalt Erfahrung im Arzthaftungsrecht hat und vorzugsweise ausschließlich für Patienten tätig ist. Es ist allein nicht hilfreich, wenn mit der Weiterbildung zum Fachanwalt für Medizinrecht geworben wird. Diese Weiterbildung umfasst viele andere Bereiche im Medizinrecht und sagt nichts über die Erfahrung in Arzthaftungsverfahren für Patienten aus. Es genügt nicht, dass er die Gesetzestexte kennt. Ein Anwalt muss auch wissen, wie in den letzten Jahren von den zuständigen Gerichten entschieden worden ist.

Betroffenen helfen Selbsthilfeorganisationen wie die NGM/SGM …

- mit einer ausführlichen Informationsbroschüre, die aufzeigt, wie man sich nach einem vermuteten Behandlungsfehler am besten verhält
- mit schriftlichen Infos und Veranstaltungshinweisen zum Thema medizinische Behandlungsfehler
- per Newsletter, mittels sporadischer Rundbriefe sowie auf Internetseiten, wie dieser: „ngm-b.de"
- in speziellen Sprechstunden mittels juristischer Erstberatungen durch erfahrene Fachanwälte und in eben solchen durch ärztliche Beratungen. Diese Sprechstunden sind für Mitglieder kostenlos.

Durch diese Informationen werden Anliegen von Ratsuchenden kompetent wahrgenommen, Hinweise und Hilfestellungen gegeben. Damit können im weiteren Verlauf unterstützende Stellen kontaktiert und erfolgversprechende Wege im Einzelfall eingeschlagen werden.

10.2.4 NGM/SGM konkret für Betroffene

Was empfehlen wir Gemeinschaften Medizingeschädigter grundsätzlich?

Erstellen Sie möglichst zeitnah ein Gedächtnisprotokoll über alles, was passiert ist und was Ihnen auffällig erscheint. Lassen Sie sich dabei ggf. helfen, damit dieses Protokoll schlüssig ist.

- Fordern Sie von allen an der Behandlung beteiligten Ärzten oder Kliniken Ihre Behandlungsunterlagen an. Sie haben ein Einsichtsrecht in alle Ihre Behandlungsunterlagen. Gegen Erstattung der Kopierkosten müssen Ihnen diese auch ausgehändigt werden. Dies schließt auch die zeitweise Aushändigung von bildgebenden Aufnahmen wie Röntgenbilder u. Ä. ein. Wichtig: Zusammen mit den Unterlagen sollten Sie sich bescheinigen lassen, dass diese richtig und vollständig sind. Ein Rechtsanspruch darauf besteht allerdings nicht. Falls erforderlich, kann bei der Beschaffung der Unterlagen Hilfestellung gegeben werden.
- Eine fachkompetente Person sollte die Unterlagen sichten und mit Ihrem Protokoll vergleichen. Dies kann in der Regel zunächst unverbindlich durch den Verein erfolgen als Grundlage für weitere Entscheidungshilfen.
- Um zu beurteilen, ob ein Behandlungsfehler vorliegt und ein solcher kausal zu einem Schaden geführt hat, ist es ratsam, dies durch ein medizinisches Gutachten belegen zu lassen. Erst dann sollte darüber nachgedacht werden, ob materielle (Schadensersatz) und immaterielle Forderungen (Schmerzensgeld) daraus abgeleitet werden können.
- Die NGM/SGM nennt Ihnen verschiedene Möglichkeiten, ein Gutachten zu bekommen, und informiert über die vielfältigen Vor- und Nachteile der unterschiedlichen Stellen und Verfahrensweisen, die für die evtl. Durchsetzung von Schadensersatzansprüchen von Bedeutung sein könnten. Ein Gutachten kann man z. B. bekommen:
  - über die gesetzlichen Krankenversicherer, die ein solches beim MDK in Auftrag geben können und dies dem Kassenmitglied kostenlos zur Verfügung stellen.
  - über die Gutachterstellen der zuständigen Landesärztekammern. Erforderlich dazu ist aber die Zustimmung des betroffenen Arztes oder Krankenhauses und deren Haftpflichtversicherung. Diese Gutachten sind für die Patienten ebenfalls kostenfrei. Wissen sollte man aber, dass sie von den Haftpflichtversicherungen der Ärzte und Krankenhäuser bezahlt werden und die Bearbeitungszeit nicht selten länger als ein Jahr beträgt.

  - Es besteht weiter die Möglichkeit, ein Privatgutachten in Auftrag zu geben. Die Kosten für ein solches Gutachten müssen Sie als Patient in der Regel selbst tragen. Es bestehen Kontakte zu Ärzten, die für Mitglieder der NGM/SGM Unterlagen sichten und bewerten und dann ggf. auch ein Gutachten erstellen.
- Wir Gemeinschaften Medizingeschädigter raten, sich mit dem Behandelnden zu einem klärenden Gespräch zu treffen. Dort tragen Sie Ihre Bedenken vor, verweisen auf die gutachterliche Einschätzung und versuchen, eine gütliche Einigung zu erreichen. Dieser Schritt mag Ihnen schwerfallen, kann aber sehr wichtig für Ihre Einschätzung über den weiteren Verlauf der Auseinandersetzung sein.
- Wir geben Hinweise darüber, wie Sie Ihre Schadensersatzforderungen stellen können und welche Wege dazu möglich bzw. erforderlich sind und geben Ihnen aufgrund unserer Erfahrung eine ungefähre Einschätzung Ihrer Erfolgsaussichten.
- Von Strafanzeigen zur Durchsetzung von Schadensersatz- und Schmerzensgeldansprüchen raten wir grundsätzlich ab. Auch während laufender Verfahren können wir Sie durch die Erfahrungen unserer Mitglieder beratend unterstützen.
- Bei der Suche nach einem Rechtsanwalt können wir Ihnen wertvolle Hinweise geben, die wichtig für eine Vertretung sein können. Erfahrung im Arzthaftungsrecht bei der Vertretung von Patienten sollte Voraussetzung sein für einen erfolgreichen Verfahrensverlauf. Wir werden keine Empfehlungen für bestimmte Rechtsanwälte aussprechen, aber Hinweise geben, worauf man bei der Auswahl achten sollte.
- Wir unterstützen bei der Suche nach Ärzten, die auch nach einem offensichtlichen oder vermuteten Behandlungsfehler eine entsprechende Weiterbehandlung durchführen.

Was wir Gemeinschaften Medizingeschädigter nicht leisten können

Um Missverständnisse zu vermeiden, sagen wir auch, was wir nicht für Sie übernehmen können:

Als Selbsthilfeverein leisten wir Hilfe zur Selbsthilfe, aber wir können weder die Auseinandersetzung mit dem Arzt, der Haftpflichtversicherung noch mit dem Gericht oder anderen Stellen für Sie führen.

Bei einem Mitgliedsbeitrag von zurzeit 40,00 € jährlich erklärt es sich von selbst, dass Kosten für Gutachten oder auch Rechtsanwalts- und Verfahrenskosten nicht vom Verein getragen werden können.

Was tun wir Gemeinschaften Medizingeschädigter konkret für Patienten allgemein sonst noch?

Wir informieren die Öffentlichkeit über die Situation geschädigter Patienten

- Wir führen mehrmals im Jahr Informationsveranstaltungen mit Gastreferenten durch. Diese sind z. B. medizinische Gutachter, Rechtsanwälte, Richter, Ärzte, aber auch Funktionäre von Krankenkassen und Haftpflichtversicherungen sowie Mandatsträger der Politik.
- Wir legen gelegentlich auch Finger in jene Wunden, die zusätzlich zu jenen der Medizinschäden das faktische „Recht des Stärkeren" in unserem Rechtssystem hinterlassen.
- Mitglieder und Nichtmitglieder treffen sich regelmäßig regional zum Erfahrungsaustausch.
- Auf Gesundheitstagen und anderen Veranstaltungen sind wir Gemeinschaften Medizingeschädigter mit Informationsständen vertreten.
- Wir stehen für Berichte in Presse, Rundfunk und Fernsehen für eine objektive Information der Öffentlichkeit aus der Sicht von Betroffenen zur Verfügung.

Wir sammeln und dokumentieren Fälle

Auf diese Weise wollen wir aus der Arbeit von Gutachtern und von Anwälten Rückschlüsse ziehen. Diese Erkenntnisse lassen wir in die Beratung vor allem neuer Mitglieder und allgemein Ratsuchender einfließen.

Wir setzen uns für ein partnerschaftliches Arzt-Patienten-Verhältnis ein

Auf Veranstaltungen und Kongressen wollen wir in Gesprächen mit Ärzten die Kluft zwischen Ärzteschaft und Patienten, die durch eine fehlerhafte Behandlung aufgerissen wurde, überbrücken. Bei diesen Treffen machen wir die Erfahrung, dass bei einer sachlichen Darstellung der gegensätzlichen Argumente immer auch ein Aufeinanderzugehen möglich ist. Wir können so ein partnerschaftliches Arzt-Patienten-Verhältnis fördern und die Streitkultur zwischen Arzt und Patient verbessern.

Wir geben den Patienten eine öffentliche Stimme

Durch die Zusammenarbeit mit anderen Organisationen, wie z. B. der Mitarbeit im Kuratorium der „Brendan-Schmittmann-Stiftung" des NAV-Virchow-Bundes der niedergelassenen Ärzte Deutschlands oder den Mitgliedschaften in der „LAG Selbsthilfe Bayern" und im „Aktionsbündnis Patientensicherheit", schaffen wir mehr Öffentlichkeit für die Anliegen unserer Mitglieder.

Kontakte und Zusammenarbeit bestehen außerdem zu den Gesetzlichen Krankenversicherungen GKV, dem Medizinischen Dienst der Krankenversicherer MDK, der Unabhängigen Patientenberatung Deutschland UPD, Gesundheitsläden, dem Bereich Patientenberatung der Verbraucherzentralen sowie weiteren Patientenorganisationen und Selbsthilfegruppen.

Durch unsere politische Arbeit wollen wir auch für die Zukunft allen Betroffenen von medizinischen Behandlungsfehlern nicht nur in ihren persönlichen Fällen, sondern auch durch Veränderungen im System eine Hilfe sein.

Dabei kann uns jeder durch seine Mitgliedschaft unterstützen, ob er nun selbst oder ein naher Angehöriger betroffen ist. Auch durch eine Fördermitgliedschaft oder durch die Mitgliedschaft in einem anderen Verein oder Verband kann unsere Arbeit sehr unterstützt werden.

Unser besonderes Anliegen: Das Patientenrechtegesetz

Gemeinsam mit anderen Patienteninitiativen, Selbsthilfegruppen und -vereinen hat sich die NGM/SGM seit ihrer Gründung im Jahr 1996 für die Schaffung eines zeitgemäßen Patientenrechtegesetzes eingesetzt, das einklagbare Rechte enthält und damit für alle im Gesundheitssystem Beteiligten Rechtssicherheit garantiert. Gefordert wurde die Durchsetzbarkeit von Patientenrechten, was sich besonders auf eine gesetzliche Regelung zur Beweiserleichterung bis hin zur Beweislastumkehr bei begründetem Verdacht, eine gerechtere Entschädigung und die Einführung einer verbesserten Fehlervermeidungskultur bezog. Am 26. Februar 2013 wurde das „Gesetz zur Verbesserung der Rechte von Patienten und Patientinnen" im Bundesgesetzblatt veröffentlicht und somit in Kraft gesetzt.

10.3 Das Patientenrechtegesetz in der politischen Diskussion – Alter Wein in neuen Schläuchen

Seit Jahren wurde in der politischen Szene darüber gesprochen und gestritten, wie die Patientenrechte verbessert werden sollen. Ist es nun ausreichend, dass die gegenwärtige Rechtslage, die zu 90 % von den höchsten Gerichten (vor allem vom Bundesgerichtshof) geprägt wurde, in die Form eines Gesetzes gegossen wird – oder brauchen wir zugleich auch eine Weiterentwicklung, neue und erweiterte Rechte? Das hatte der Sachverständigenrat für das Gesundheitswesen schon vor 20 Jahren gefordert. Und 1997 hatte die Gesundheitsministerkonferenz sich dafür ausgesprochen, die existierenden Rechte in einer „Charta" übersichtlich zusammenzufassen und dabei auch zu prüfen, wo sie weiterentwickelt werden müssen.

Die Zusammenfassung in Form eines Gesetzes ist jetzt nach über 15 Jahren Wirklichkeit geworden: Das Patientenrechtegesetz gießt in Paragraphen, was bisher schon galt. Insofern bietet es inhaltlich kaum Neues, außer dass die Patientenrechte bald in jeder Buchhandlung stehen und nicht nur von fernen Richtern definiert werden. Allerdings schränkt der dritte Teil des Satzes im § 630g BGB, „Dem Patienten ist auf Verlangen unverzüglich Einsicht in die vollständige, ihn betreffende Patientenakte zu gewähren, *soweit der Einsichtnahme nicht erhebliche therapeutische Gründe oder sonstige erhebliche Rechte Dritter entgegenstehen.*", das Recht der Einsichtnahme für alle Patienten erheblich ein. Diese Einschränkung galt bisher nur für Patienten der Psychiatrie.

Der zweite Auftrag dagegen ist noch Zukunft. Es haben sich diejenigen durchgesetzt, die vom Patientenrechtegesetz in der jetzigen Fassung profitieren – vor allem Ärzte, Zahnärzte und Krankenhäuser, also die Leistungserbringer. Die Patientenorganisationen sowie die Krankenkassen hätten sich dagegen ein Gesetz gewünscht, das die Patientenrechte nicht nur zusammenfasst, sondern auch substanziell weiterentwickelt. Zehn Bundesländer hatten vor der Verabschiedung des Gesetzes ähnliche Vorstellungen veröffentlicht – doch gegenwärtig muss man sich wohl damit zufriedengeben, dass gängiges Richterrecht in BGB und SGB festgeschrieben wurde. Der derzeitige Patientenbeauftragte der Bundesregierung wurde von der Verbraucherzentrale Hamburg so zitiert: *„Besser ein Gesetz, das nur wenig Neues bringt, als gar nichts."*

Wir hätten von einem Patientenbeauftragten mehr erwartet und sind von dem Patientenrechtegesetz in der jetzigen Fassung sehr enttäuscht. Es kann fachlich gesehen nur als ein erster Schritt zur wirklichen Stärkung der Patientenrechte betrachtet werden. Ein weitergehendes Konzept war wohl aufgrund der parteipolitischen Konstellation derzeit nicht konsensfähig und nicht durchsetzbar. Aus unserer Sicht – aus Sicht der durch einen Behandlungsfehler betroffenen Patienten – bedarf es weiterer gesetzlicher Regelungen, vor allem zur Beweislastverteilung, zu einer gerechteren Schadensregulierung und einer verbesserten Fehlervermeidungskultur. So bleibt zu hoffen und weiter zu fordern, dass künftige Regierungen das Patientenrechtegesetz dahingehend weiterentwickeln, dass es seinem Namen gerecht werden und man dann von wirklichen Verbesserungen der Rechte von Patienten sprechen kann.

10.4 Verschuldensunabhängige Entschädigung im Medizinbereich

10.4.1 Kein Schutz durch Versicherung – Was passiert mit den Opfern?

Auf dem 13. Europäischen Gesundheitskongress in München, im Jahre 2014, konnte der Autor dieses Kapitels für die Notgemeinschaft Medizingeschädigter – Patient im Mittelpunkt – e.V. zu dem vorgegebenen

Thema ihre Vision einer völlig neuen „verschuldensunabhängigen Entschädigung im Medizinbereich" vorstellen.

Wie ist die Situation heute und welche Probleme haben Patienten, die einen Behandlungsfehler zu beweisen haben, um ihren Anspruch auf materiellen und/oder immateriellen Schadensersatz durchzusetzen?

10.4.2 Beschaffung eines Gutachtens

Die im Patientenrechtegesetz festgeschriebene Unterstützung durch die gesetzlichen Krankenkassen erfolgt nicht immer automatisch und nicht in jedem Fall. Es wird laut Erfahrungen Betroffener immer wieder auf die Gutachterstellen der LÄK verwiesen, anstatt den Patienten direkt zu unterstützen und den Behandlungsfehlervorwurf durch ein Gutachten des MDK klären zu lassen.

Da einem Gutachterverfahren durch die LÄK sowohl der betroffene Arzt wie auch dessen Haftpflichtversicherung zustimmen müssen und diese Zustimmung nicht immer gegeben wird, bleibt dann Patienten diese Möglichkeit der Unterstützung versagt. Die Verfahren dauern sehr lange, in Bayern durchschnittlich über 70 Wochen und von einer Unparteilichkeit ist nicht grundsätzlich auszugehen, da die Gutachten ja von den Haftpflichtversicherungen finanziert werden.

Ein Privatgutachten zu beauftragen scheitert oft an den hohen Kosten, die von den gesundheitlich mitgenommenen Patienten häufig nicht aufgebracht werden können.

10.4.3 Kostenrisiko/Anwaltsbeauftragung

Eine außergerichtliche Anspruchsstellung ist ohne Anwalt für die meisten Patienten nicht möglich und auch wenig erfolgversprechend. Anwälte, die sich im Arzthaftungsrecht spezialisiert haben, übernehmen häufig keine Mandate über Prozesskostenhilfe. Dies ist verständlich, wenn man bedenkt, dass die Vergütung nur einen geringen Bruchteil der dem Anwalt nach der normalen Gebührentabelle zustehenden anwaltlichen Vergütung ausmacht. Eine trotzdem übernommene Vertretung wird dann aber sehr oft nur „auf Sparflamme" bearbeitet. Und zu bedenken ist auch, dass der Kläger das Risiko der gegnerischen Anwaltskosten bei negativem Verfahrensausgang trägt. Bei Übernahme der Gebühren durch Rechtsschutzversicherungen werden bei arbeitsintensiven Fällen von Anwälten nicht selten zusätzliche Erfolgshonorare vereinbart, was seit einigen Jahren möglich bzw. zulässig ist.

Prozessfinanzierer übernehmen Fälle erst bei höheren Schadenssummen und nur bei sehr guten Erfolgsaussichten. Eine Schadensersatzklage vor Gericht ist für die überwiegende Anzahl der Patienten ohne Rechtsschutzversicherung wegen des hohen Kostenrisikos somit nicht möglich.

10.4.4 Kosten der Schadensfälle für die Haftpflichtversicherungen

Wenn über die steigenden Kosten für Behandlungsfehler-Schadensfälle geklagt wird, sollte man bedenken, dass vieles davon nicht beim Patienten ankommt, sondern Gutachter-, Gerichts- und Anwaltskosten sind, sowie Regressforderungen von Krankenkassen, Sozial- und Unfallversicherungen.

Wenn vor „amerikanischen Verhältnissen" gewarnt wird, die wir bei uns alle nicht haben wollen, sollte man doch einmal in europäische Nachbarländer schauen, wo im Einzelfall weit höhere Schadensersatz- und Schmerzensgeldzahlungen zugesprochen werden.

10.4.5 Was sich aus Sicht der Selbsthilfeorganisation kurzfristig ändern müsste

Da von den betroffenen Patientinnen und Patienten die Neutralität der Gutachterstellen der Ärztekammern wie auch die des MDK immer wieder angezweifelt wird, würde die Schaffung eines unabhängigen Gutachterdienstes, der ohne eine Zustimmung des Arztes oder dessen Versicherung tätig werden könnte, den betroffenen Patienten helfen.

Wir müssen davon wegkommen, immer erst einen Schuldigen ausmachen zu müssen, um einen eingetretenen Schaden zu regulieren. Die

Einführung eines Härtefallfonds wäre solch ein erster Schritt. Es wäre auch im Ansatz der Beginn einer verschuldensunabhängigen Schadensregulierung.

10.4.6 Die Diskussion einer verschuldensunabhängigen Entschädigung im Medizinbereich

Die Einführung einer solchen verschuldensunabhängigen Entschädigung für alle Schäden, auch wenn sie nicht durch einen justiziablen Behandlungsfehler eingetreten sind, muss das Ziel sein.

Dieses Thema ist in der Diskussion nicht neu.

In der ehemaligen DDR gab es eine solche Anordnung, die im Übernahmevertrag in das Rechtssystem des wiedervereinigten Deutschland übernommen wurde.

Johannes W. Pichler, ehemaliger Universitätsprofessor für Europäische Rechtsentwicklung an der Karl-Franzens-Universität Graz und Direktor des Österreichischen Forschungsinstituts für Rechtspolitik in Salzburg, hat sich in einem umfangreichen Werk mit dem Titel: „Rechtsentwicklungen zu einer verschuldensunabhängigen Entschädigung im Medizinbereich" mit diesem Thema und den Patientenversicherungsrechten in Skandinavien bereits 1994 auseinandergesetzt.

Eine Arbeitsgruppe „Patientenrechtegesetz" der SPD-Bundestagsfraktion hat in den „Eckpunkten eines Patientenrechtegesetzes" bereits im Jahr 2009 vorgeschlagen, eine verschuldensunabhängige Entschädigung zu prüfen.

Ein Arbeitskreis „Ärzte und Juristen" im AWMF *(Arbeitsgemeinschaft der Wissenschaftlichen Medizinischen Fachgesellschaften e.V.)* befasste sich in 2012 ebenfalls mit diesem Thema.

Dies ist nur eine kleine Auswahl aus Diskussionsbeiträgen zu einer verschuldensunabhängigen Entschädigung und soll zu weiteren Überlegungen dazu anregen. Eine solche Regelung wäre auch unter dem Gesichtspunkt einer Entlastung der Krankenhausverwaltungen zu diskutieren. Aufwendige Verfahren zur Abwehr von Schadensersatzansprüchen von Patienten müssten dann nicht mehr geführt werden.

Gleiches lässt sich auch zu den dann wegfallenden, für betroffene Ärzte sicher sehr belastenden zivilrechtlichen Auseinandersetzungen sagen, wodurch auch eine Verbesserung der Patienten-Arzt-Beziehung damit verbunden wäre.

Adresse:

Notgemeinschaft Medizingeschädigter – Patient im Mittelpunkt –
e. V. (NGM)
im Jahr 2017 umbenannt in
Selbsthilfegemeinschaft Medizingeschädigter –
Patient im Mittelpunkt – e. V. (SGM)

Postanschrift: Maxfeldstraße 9, 90409 Nürnberg
Tel.: 0911-4746528

Mobil: 0160-5526507
E-Mail: buero@sgmev.de
Internet: www.sgmev.de

11 Das Patientenrechtegesetz

11.1 Das Gesetz im Original (2013)[28]

Gesetz zur Verbesserung der Rechte von Patientinnen und Patienten

Vom 20. Februar 2013

Der Bundestag hat das folgende Gesetz beschlossen:

Artikel 1

Änderung des Bürgerlichen Gesetzbuchs

Das Bürgerliche Gesetzbuch in der Fassung der Bekanntmachung vom 2. Januar 2002 (BGBl. I S. 42, 2909; 2003 I S. 738), das zuletzt durch Artikel 3 des Gesetzes vom 20. Februar 2013 (BGBl. I S. 273) geändert worden ist, wird wie folgt geändert:

1. In der Inhaltsübersicht werden die Angaben zu Buch 2 Abschnitt 8 Titel 8 wie folgt gefasst:

   „Titel 8

   Dienstvertrag und ähnliche Verträge

   Untertitel 1

   Dienstvertrag

   Untertitel 2

   Behandlungsvertrag".

2. Die Überschrift von Buch 2 Abschnitt 8 Titel 8 wird wie folgt gefasst:

[28] Es handelt sich um den Originaltext. Spätere Änderungen der Rechtsnormen im sozialrechtlichen Bereich sind in der Kommentierung (11.2) berücksichtigt.

„Titel 8

Dienstvertrag und ähnliche Verträge".

3. Vor § 611 wird folgende Überschrift eingefügt:

„Untertitel 1

Dienstvertrag".

4. Nach § 630 wird folgender Untertitel 2 eingefügt:

„Untertitel 2

Behandlungsvertrag

§ 630a

Vertragstypische Pflichten beim Behandlungsvertrag

(1) Durch den Behandlungsvertrag wird derjenige, welcher die medizinische Behandlung eines Patienten zusagt (Behandelnder), zur Leistung der versprochenen Behandlung, der andere Teil (Patient) zur Gewährung der vereinbarten Vergütung verpflichtet, soweit nicht ein Dritter zur Zahlung verpflichtet ist.

(2) Die Behandlung hat nach den zum Zeitpunkt der Behandlung bestehenden, allgemein anerkannten fachlichen Standards zu erfolgen, soweit nicht etwas anderes vereinbart ist.

§ 630b

Anwendbare Vorschriften

Auf das Behandlungsverhältnis sind die Vorschriften über das Dienstverhältnis, das kein Arbeitsverhältnis im Sinne des § 622 ist, anzuwenden, soweit nicht in diesem Untertitel etwas anderes bestimmt ist.

§ 630c

Mitwirkung der Vertragsparteien; Informationspflichten

(1) Behandelnder und Patient sollen zur Durchführung der Behandlung zusammenwirken.

(2) Der Behandelnde ist verpflichtet, dem Patienten in verständlicher Weise zu Beginn der Behandlung und, soweit erforderlich, in de-

ren Verlauf sämtliche für die Behandlung wesentlichen Umstände zu erläutern, insbesondere die Diagnose, die voraussichtliche gesundheitliche Entwicklung, die Therapie und die zu und nach der Therapie zu ergreifenden Maßnahmen. Sind für den Behandelnden Umstände erkennbar, die die Annahme eines Behandlungsfehlers begründen, hat er den Patienten über diese auf Nachfrage oder zur Abwendung gesundheitlicher Gefahren zu informieren. Ist dem Behandelnden oder einem seiner in § 52 Absatz 1 der Strafprozessordnung bezeichneten Angehörigen ein Behandlungsfehler unterlaufen, darf die Information nach Satz 2 zu Beweiszwecken in einem gegen den Behandelnden oder gegen seinen Angehörigen geführten Straf- oder Bußgeldverfahren nur mit Zustimmung des Behandelnden verwendet werden.

(3) Weiß der Behandelnde, dass eine vollständige Übernahme der Behandlungskosten durch einen Dritten nicht gesichert ist oder ergeben sich nach den Umständen hierfür hinreichende Anhaltspunkte, muss er den Patienten vor Beginn der Behandlung über die voraussichtlichen Kosten der Behandlung in Textform informieren. Weitergehende Formanforderungen aus anderen Vorschriften bleiben unberührt.

(4) Der Information des Patienten bedarf es nicht, soweit diese ausnahmsweise aufgrund besonderer Umstände entbehrlich ist, insbesondere wenn die Behandlung unaufschiebbar ist oder der Patient auf die Information ausdrücklich verzichtet hat.

§ 630d

Einwilligung

(1) Vor Durchführung einer medizinischen Maßnahme, insbesondere eines Eingriffs in den Körper oder die Gesundheit, ist der Behandelnde verpflichtet, die Einwilligung des Patienten einzuholen. Ist der Patient einwilligungsunfähig, ist die Einwilligung eines hierzu Berechtigten einzuholen, soweit nicht eine Patientenverfügung nach § 1901a Absatz 1 Satz 1 die Maßnahme gestattet oder untersagt. Weitergehende Anforderungen an die Einwilligung aus anderen Vorschriften bleiben unberührt. Kann eine Einwilligung für eine unaufschiebbare Maßnahme nicht rechtzeitig eingeholt werden, darf sie ohne Einwilligung durchgeführt werden, wenn sie dem mutmaßlichen Willen des Patienten entspricht.

(2) Die Wirksamkeit der Einwilligung setzt voraus, dass der Patient oder im Fall des Absatzes 1 Satz 2 der zur Einwilligung Berechtigte vor der Einwilligung nach Maßgabe von § 630e Absatz 1 bis 4 aufgeklärt worden ist.

(3) Die Einwilligung kann jederzeit und ohne Angabe von Gründen formlos widerrufen werden.

§ 630e
Aufklärungspflichten

(1) Der Behandelnde ist verpflichtet, den Patienten über sämtliche für die Einwilligung wesentlichen Umstände aufzuklären. Dazu gehören insbesondere Art, Umfang, Durchführung, zu erwartende Folgen und Risiken der Maßnahme sowie ihre Notwendigkeit, Dringlichkeit, Eignung und Erfolgsaussichten im Hinblick auf die Diagnose oder die Therapie. Bei der Aufklärung ist auch auf Alternativen zur Maßnahme hinzuweisen, wenn mehrere medizinisch gleichermaßen indizierte und übliche Methoden zu wesentlich unterschiedlichen Belastungen, Risiken oder Heilungschancen führen können.

(2) Die Aufklärung muss

1. mündlich durch den Behandelnden oder durch eine Person erfolgen, die über die zur Durchführung der Maßnahme notwendige Ausbildung verfügt; ergänzend kann auch auf Unterlagen Bezug genommen werden, die der Patient in Textform erhält,
2. so rechtzeitig erfolgen, dass der Patient seine Entscheidung über die Einwilligung wohlüberlegt treffen kann,
3. für den Patienten verständlich sein.

Dem Patienten sind Abschriften von Unterlagen, die er im Zusammenhang mit der Aufklärung oder Einwilligung unterzeichnet hat, auszuhändigen.

(3) Der Aufklärung des Patienten bedarf es nicht, soweit diese ausnahmsweise aufgrund besonderer Umstände entbehrlich ist, insbesondere wenn die Maßnahme unaufschiebbar ist oder der Patient auf die Aufklärung ausdrücklich verzichtet hat.

(4) Ist nach § 630d Absatz 1 Satz 2 die Einwilligung eines hierzu Berechtigten einzuholen, ist dieser nach Maßgabe der Absätze 1 bis 3 aufzuklären.

(5) Im Fall des § 630d Absatz 1 Satz 2 sind die wesentlichen Umstände nach Absatz 1 auch dem Patienten entsprechend seinem Verständnis zu erläutern, soweit dieser aufgrund seines Entwicklungsstandes und seiner Verständnismöglichkeiten in der Lage ist, die Erläuterung aufzunehmen, und soweit dies seinem Wohl nicht zuwiderläuft. Absatz 3 gilt entsprechend.

§ 630f

Dokumentation der Behandlung

(1) Der Behandelnde ist verpflichtet, zum Zweck der Dokumentation in unmittelbarem zeitlichen Zusammenhang mit der Behandlung eine Patientenakte in Papierform oder elektronisch zu führen. Berichtigungen und Änderungen von Eintragungen in der Patientenakte sind nur zulässig, wenn neben dem ursprünglichen Inhalt erkennbar bleibt, wann sie vorgenommen worden sind. Dies ist auch für elektronisch geführte Patientenakten sicherzustellen.

(2) Der Behandelnde ist verpflichtet, in der Patientenakte sämtliche aus fachlicher Sicht für die derzeitige und künftige Behandlung wesentlichen Maßnahmen und deren Ergebnisse aufzuzeichnen, insbesondere die Anamnese, Diagnosen, Untersuchungen, Untersuchungsergebnisse, Befunde, Therapien und ihre Wirkungen, Eingriffe und ihre Wirkungen, Einwilligungen und Aufklärungen. Arztbriefe sind in die Patientenakte aufzunehmen.

(3) Der Behandelnde hat die Patientenakte für die Dauer von zehn Jahren nach Abschluss der Behandlung aufzubewahren, soweit nicht nach anderen Vorschriften andere Aufbewahrungsfristen bestehen.

§ 630g

Einsichtnahme in die Patientenakte

(1) Dem Patienten ist auf Verlangen unverzüglich Einsicht in die vollständige, ihn betreffende Patientenakte zu gewähren, soweit der Einsichtnahme nicht erhebliche therapeutische Gründe oder sonstige erhebliche Rechte Dritter entgegenstehen. Die Ablehnung der

Einsichtnahme ist zu begründen. § 811 ist entsprechend anzuwenden.

(2) Der Patient kann auch elektronische Abschriften von der Patientenakte verlangen. Er hat dem Behandelnden die entstandenen Kosten zu erstatten.

(3) Im Fall des Todes des Patienten stehen die Rechte aus den Absätzen 1 und 2 zur Wahrnehmung der vermögensrechtlichen Interessen seinen Erben zu. Gleiches gilt für die nächsten Angehörigen des Patienten, soweit sie immaterielle Interessen geltend machen. Die Rechte sind ausgeschlossen, soweit der Einsichtnahme der ausdrückliche oder mutmaßliche Wille des Patienten entgegensteht.

§ 630h

Beweislast bei Haftung
für Behandlungs- und Aufklärungsfehler

(1) Ein Fehler des Behandelnden wird vermutet, wenn sich ein allgemeines Behandlungsrisiko verwirklicht hat, das für den Behandelnden voll beherrschbar war und das zur Verletzung des Lebens, des Körpers oder der Gesundheit des Patienten geführt hat.

(2) Der Behandelnde hat zu beweisen, dass er eine Einwilligung gemäß § 630d eingeholt und entsprechend den Anforderungen des § 630e aufgeklärt hat. Genügt die Aufklärung nicht den Anforderungen des § 630e, kann der Behandelnde sich darauf berufen, dass der Patient auch im Fall einer ordnungsgemäßen Aufklärung in die Maßnahme eingewilligt hätte.

(3) Hat der Behandelnde eine medizinisch gebotene wesentliche Maßnahme und ihr Ergebnis entgegen § 630f Absatz 1 oder Absatz 2 nicht in der Patientenakte aufgezeichnet oder hat er die Patientenakte entgegen § 630f Absatz 3 nicht aufbewahrt, wird vermutet, dass er diese Maßnahme nicht getroffen hat.

(4) War ein Behandelnder für die von ihm vorgenommene Behandlung nicht befähigt, wird vermutet, dass die mangelnde Befähigung für den Eintritt der Verletzung des Lebens, des Körpers oder der Gesundheit ursächlich war.

(5) Liegt ein grober Behandlungsfehler vor und ist dieser grundsätzlich geeignet, eine Verletzung des Lebens, des Körpers oder der Gesundheit der tatsächlich eingetretenen Art herbeizuführen, wird vermutet, dass der Behandlungsfehler für diese Verletzung ursächlich war. Dies gilt auch dann, wenn es der Behandelnde unterlassen hat, einen medizinisch gebotenen Befund rechtzeitig zu erheben oder zu sichern, soweit der Befund mit hinreichender Wahrscheinlichkeit ein Ergebnis erbracht hätte, das Anlass zu weiteren Maßnahmen gegeben hätte, und wenn das Unterlassen solcher Maßnahmen grob fehlerhaft gewesen wäre."

Artikel 2

Änderung des Fünften Buches Sozialgesetzbuch

Das Fünfte Buch Sozialgesetzbuch – Gesetzliche Krankenversicherung – (Artikel 1 des Gesetzes vom 20. Dezember 1988, BGBl. I S. 2477, 2482), das zuletzt durch Artikel 2 Absatz 2 des Gesetzes vom 15. Februar 2013 (BGBl. I S. 254) geändert worden ist, wird wie folgt geändert:

1. Nach § 13 Absatz 3 wird folgender Absatz 3a eingefügt:

   „(3a) Die Krankenkasse hat über einen Antrag auf Leistungen zügig, spätestens bis zum Ablauf von drei Wochen nach Antragseingang oder in Fällen, in denen eine gutachtliche Stellungnahme, insbesondere des Medizinischen Dienstes der Krankenversicherung (Medizinischer Dienst), eingeholt wird, innerhalb von fünf Wochen nach Antragseingang zu entscheiden. Wenn die Krankenkasse eine gutachtliche Stellungnahme für erforderlich hält, hat sie diese unverzüglich einzuholen und die Leistungsberechtigten hierüber zu unterrichten. Der Medizinische Dienst nimmt innerhalb von drei Wochen gutachtlich Stellung. Wird ein im Bundesmantelvertrag für Zahnärzte vorgesehenes Gutachterverfahren durchgeführt, hat die Krankenkasse ab Antragseingang innerhalb von sechs Wochen zu entscheiden; der Gutachter nimmt innerhalb von vier Wochen Stellung. Kann die Krankenkasse Fristen nach Satz 1 oder Satz 4 nicht einhalten, teilt sie dies den Leistungsberechtigten unter Darlegung der Gründe rechtzeitig schriftlich mit. Erfolgt keine Mitteilung eines hinreichenden Grundes, gilt die Leistung nach Ablauf der Frist als genehmigt. Beschaffen sich Leistungsberechtigte nach Ablauf der Frist eine erforderliche Leistung selbst, ist die Krankenkasse zur Erstattung der hierdurch entstandenen Kosten verpflichtet. Die Krankenkasse berichtet dem Spitzenverband Bund der Krankenkassen jährlich über die Anzahl der Fälle, in denen Fristen nicht eingehalten oder Kostenerstattungen vorgenommen wurden. Für Leistungen zur medizinischen Rehabilitation gelten die §§ 14, 15 des Neunten Buches zur Zuständigkeitsklärung und Erstattung selbst beschaffter Leistungen."

2. In § 66 wird das Wort „können" durch das Wort „sollen" ersetzt.
3. § 73b Absatz 3 wird wie folgt geändert:
   a) Nach Satz 2 werden die folgenden Sätze eingefügt:

      „Die Versicherten können die Teilnahmeerklärung innerhalb von zwei Wochen nach deren Abgabe in Textform oder zur Niederschrift bei der Krankenkasse ohne Angabe von Gründen widerrufen. Zur Fristwahrung genügt die rechtzeitige Absendung der Widerrufserklärung an die Krankenkasse. Die Widerrufsfrist beginnt, wenn die Krankenkasse dem Versicherten eine Belehrung über sein Widerrufsrecht in Textform mitgeteilt hat, frühestens jedoch mit der Abgabe der Teilnahmeerklärung."
   b) In dem neuen Satz 6 werden die Wörter „Der Versicherte ist an diese Verpflichtung" durch die Wörter „Wird das Widerrufsrecht nicht ausgeübt, ist der Versicherte an seine Teilnahmeerklärung" ersetzt.
   c) Folgender Satz wird angefügt:

      „Die Satzung hat auch Regelungen zur Abgabe der Teilnahmeerklärung zu enthalten; die Regelungen sind auf der Grundlage der Richtlinie nach § 217f Absatz 4a zu treffen."
4. § 73c Absatz 2 wird wie folgt geändert:
   a) Satz 2 wird durch die folgenden Sätze ersetzt:

      „Die Versicherten können die Teilnahmeerklärung innerhalb von zwei Wochen nach deren Abgabe in Textform oder zur

Niederschrift bei der Krankenkasse ohne Angabe von Gründen widerrufen. Zur Fristwahrung genügt die rechtzeitige Absendung der Widerrufserklärung an die Krankenkasse. Die Widerrufsfrist beginnt, wenn die Krankenkasse dem Versicherten eine Belehrung über sein Widerrufsrecht in Textform mitgeteilt hat, frühestens jedoch mit der Abgabe der Teilnahmeerklärung. Wird das Widerrufsrecht nicht ausgeübt, ist der Versicherte an seine Teilnahmeerklärung mindestens ein Jahr gebunden."

b) Folgender Satz wird angefügt:

„§ 73b Absatz 3 Satz 8 gilt entsprechend."

5. In § 99 Absatz 1 Satz 4 werden nach dem Wort „Landesbehörden" die Wörter „und den auf Landesebene für die Wahrnehmung der Interessen der Patientinnen und Patienten und der Selbsthilfe chronisch kranker und behinderter Menschen maßgeblichen Organisationen" eingefügt.

6. In § 135a Absatz 2 Nummer 2 werden vor dem Punkt am Ende ein Komma und die Wörter „wozu in Krankenhäusern auch die Verpflichtung zur Durchführung eines patientenorientierten Beschwerdemanagements gehört" eingefügt.

7. Dem § 135a wird folgender Absatz 3 angefügt:

„(3) Meldungen und Daten aus einrichtungsinternen und einrichtungsübergreifenden Risikomanagement- und Fehlermeldesystemen nach Absatz 2 in Verbindung mit § 137 Absatz 1d dürfen im Rechtsverkehr nicht zum Nachteil des Meldenden verwendet werden. Dies gilt nicht, soweit die Verwendung zur Verfolgung einer Straftat, die im Höchstmaß mit mehr als fünf Jahren Freiheitsstrafe bedroht ist und auch im Einzelfall besonders schwer wiegt, erforderlich ist und die Erforschung des Sachverhalts oder die Ermittlung des Aufenthaltsorts des Beschuldigten auf andere Weise aussichtslos oder wesentlich erschwert wäre."

8. Nach § 137 Absatz 1c wird folgender Absatz 1d eingefügt:

„(1d) Der Gemeinsame Bundesausschuss bestimmt in seinen Richtlinien über die grundsätzlichen Anforderungen an ein einrichtungsinternes Qualitätsmanagement nach Absatz 1 Nummer 1 erstmalig bis zum 26. Februar 2014 wesentliche Maßnahmen zur Verbesserung der Patientensicherheit und legt insbesondere Mindeststandards für Risikomanagement- und Fehlermeldesysteme fest. Über die Umsetzung von Risikomanagement- und Fehlermeldesystemen in Krankenhäusern ist in den Qualitätsberichten nach Absatz 3 Nummer 4 zu informieren. Als Grundlage für die Vereinbarung von Vergütungszuschlägen nach § 17b Absatz 1 Satz 5 des Krankenhausfinanzierungsgesetzes bestimmt der Gemeinsame Bundesausschuss Anforderungen an einrichtungsübergreifende Fehlermeldesysteme, die in besonderem Maße geeignet erscheinen, Risiken und Fehlerquellen in der stationären Versorgung zu erkennen, auszuwerten und zur Vermeidung unerwünschter Ereignisse beizutragen."

9. Nach § 140a Absatz 2 Satz 1 werden die folgenden Sätze eingefügt:

   „Die Versicherten können die Teilnahmeerklärung innerhalb von zwei Wochen nach deren Abgabe in Textform oder zur Niederschrift bei der Krankenkasse ohne Angabe von Gründen widerrufen. Zur Fristwahrung genügt die rechtzeitige Absendung der Widerrufserklärung an die Krankenkasse. Die Widerrufsfrist beginnt, wenn die Krankenkasse dem Versicherten eine Belehrung über sein Widerrufsrecht in Textform mitgeteilt hat, frühestens jedoch mit der Abgabe der Teilnahmeerklärung. § 73b Absatz 3 Satz 8 gilt entsprechend."

10. § 140f wird wie folgt geändert:

    a) Dem Absatz 2 werden die folgenden Sätze angefügt:

       „Der Gemeinsame Bundesausschuss hat über Anträge der Organisationen nach Satz 5 in der nächsten Sitzung des jeweiligen Gremiums zu beraten. Wenn über einen Antrag nicht entschieden werden kann, soll in der Sitzung das Verfahren hinsichtlich der weiteren Beratung und Entscheidung festgelegt werden."

b) Absatz 3 Satz 1 wird wie folgt gefasst:

„Die auf Landesebene für die Wahrnehmung der Interessen der Patientinnen und Patienten und der Selbsthilfe chronisch kranker und behinderter Menschen maßgeblichen Organisationen erhalten in

1. den Landesausschüssen nach § 90,
2. dem gemeinsamen Landesgremium nach § 90a,
3. den Zulassungsausschüssen nach § 96 und den Berufungsausschüssen nach § 97, soweit Entscheidungen betroffen sind über
   a) die ausnahmeweise Besetzung zusätzlicher Vertragsarztsitze nach § 101 Absatz 1 Satz 1 Nummer 3,
   b) die Befristung einer Zulassung nach § 19 Absatz 4 der Zulassungsverordnung für Vertragsärzte,
   c) die Ermächtigung von Ärzten und Einrichtungen,
4. den Zulassungsausschüssen nach § 96, soweit Entscheidungen betroffen sind über
   a) die Durchführung eines Nachbesetzungsverfahrens nach § 103 Absatz 3a,
   b) die Ablehnung einer Nachbesetzung nach § 103 Absatz 4 Satz 9,

ein Mitberatungsrecht; die Organisationen benennen hierzu sachkundige Personen."

c) In Absatz 4 Satz 1 wird die Angabe „§§ 111b, 112 Abs. 5" durch die Angabe „§ 112 Absatz 5" ersetzt, werden nach der Angabe „§ 127 Abs. 1a Satz 1" die Wörter „und Absatz 6" eingefügt, wird die Angabe „132b Abs. 2 und" durch die Angabe „132c Absatz 2," ersetzt und werden nach der Angabe „§ 132d Abs. 2" die Wörter „, § 133 Absatz 4 und § 217f Absatz 4a" eingefügt.

11. Dem § 140h Absatz 2 wird folgender Satz angefügt:

„Die beauftragte Person soll die Rechte der Patientinnen und Patienten umfassend, in allgemein verständlicher Sprache und in geeigneter Form zusammenstellen und zur Information der Bevölkerung bereithalten."

12. § 217f wird wie folgt geändert:
    a) Dem Absatz 2 wird folgender Satz angefügt:

       „Die Wahrnehmung der Interessen der Krankenkassen bei über- und zwischenstaatlichen Organisationen und Einrichtungen ist Aufgabe des Spitzenverbandes Bund der Krankenkassen."
    b) Nach Absatz 4 wird folgender Absatz 4a eingefügt:

       „(4a) Der Spitzenverband Bund der Krankenkassen legt bis zum 26. August 2013 in einer Richtlinie allgemeine Vorgaben zu den Regelungen nach § 73b Absatz 3 Satz 8, § 73c Absatz 2 Satz 7 und § 140a Absatz 2 Satz 5 fest. Die Richtlinie bedarf der Genehmigung des Bundesministeriums für Gesundheit."
13. In § 219a Absatz 1 Satz 1 Nummer 5 wird der Punkt durch ein Komma ersetzt und wird folgende Nummer 6 angefügt:

    „6. Wahrnehmung der Aufgaben der nationalen Kontaktstelle nach § 219d."
14. Nach § 219c wird folgender § 219d eingefügt:

„§ 219d

Nationale Kontaktstelle

(1) Die Aufgaben der nationalen Kontaktstelle nach der Richtlinie 2011/24/EU des Europäischen Parlaments und des Rates vom 9. März 2011 über die Ausübung der Patientenrechte in der grenzüberschreitenden Gesundheitsversorgung (ABl. L 88 vom 4.4.2011, S. 45) nimmt der Spitzenverband Bund der Krankenkassen, Deutsche Verbindungsstelle Krankenversicherung – Ausland, ab dem 25. Oktober 2013 wahr. Sie stellt insbesondere Informationen über

1. nationale Gesundheitsdienstleister, geltende Qualitäts- und Sicherheitsbestimmungen sowie Patientenrechte einschließlich der Möglichkeiten ihrer Durchsetzung,
2. die Rechte und Ansprüche des Versicherten bei Inanspruchnahme grenzüberschreitender Leistungen in anderen Mitgliedstaaten und

3. Kontaktstellen in anderen Mitgliedstaaten

zur Verfügung. Die Deutsche Krankenhausgesellschaft, die Kassenärztliche Bundesvereinigung, die Kassenzahnärztliche Bundesvereinigung und die privaten Krankenversicherungen stellen der nationalen Kontaktstelle die zur Aufgabenerfüllung erforderlichen Informationen zur Verfügung. Soweit es zur Erfüllung ihrer Aufgaben erforderlich ist, darf die nationale Kontaktstelle personenbezogene Daten der anfragenden Versicherten nur mit deren schriftlicher Einwilligung und nach deren vorheriger Information verarbeiten und nutzen.

(2) Der Spitzenverband Bund der Krankenkassen, Deutsche Verbindungsstelle Krankenversicherung – Ausland, und die in Absatz 1 Satz 3 genannten Organisationen vereinbaren das Nähere zur Bereitstellung der Informationen durch die nationale Kontaktstelle gemäß Absatz 1 Satz 2 in einem Vertrag.

(3) An den zur Finanzierung der Aufgaben der nationalen Kontaktstelle erforderlichen Kosten sind die in Absatz 1 Satz 3 genannten Organisationen zu beteiligen. Das Nähere zur Finanzierung, insbesondere auch zur Höhe der jährlich erforderlichen Mittel, vereinbaren der Spitzenverband Bund der Krankenkassen, Deutsche Verbindungsstelle Krankenversicherung – Ausland, und die in Absatz 1 Satz 3 genannten Organisationen in dem Vertrag nach Absatz 2. Wird nichts Abweichendes vereinbart, beteiligen sich die privaten Krankenversicherungen zu 5 Prozent, die Deutsche Krankenhausgesellschaft zu 20 Prozent, die Kassenärztliche Bundesvereinigung zu 20 Prozent sowie die Kassenzahnärztliche Bundesvereinigung zu 10 Prozent an den zur Aufgabenerfüllung erforderlichen Kosten.

(4) Die in Absatz 1 Satz 2 genannten Informationen müssen leicht zugänglich sein und, soweit erforderlich, auf elektronischem Wege und in barrierefreien Formaten bereitgestellt werden.

(5) Die nationale Kontaktstelle arbeitet mit den nationalen Kontaktstellen anderer Mitgliedstaaten und der Europäischen Kommission in Fragen grenzüberschreitender Gesundheitsversorgung zusammen."

Artikel 3

Änderung der Patientenbeteiligungsverordnung

In § 4 Absatz 2 der Patientenbeteiligungsverordnung vom 19. Dezember 2003 (BGBl. I S. 2753), die durch Artikel 457 der Verordnung vom 31. Oktober 2006 (BGBl. I S. 2407) geändert worden ist, werden nach dem Wort „Bei" die Wörter „den in § 140f Absatz 2 Satz 5 des Fünften Buches Sozialgesetzbuch genannten" eingefügt und werden die Wörter „nach § 91 Abs. 4 bis 7 des Fünften Buches Sozialgesetzbuch" und die Wörter „§ 140f Abs. 2 Satz 4 des Fünften Buches Sozialgesetzbuch" gestrichen.

Artikel 4

Änderung des Krankenhausfinanzierungsgesetzes

In § 17b Absatz 1 Satz 5 des Krankenhausfinanzierungsgesetzes in der Fassung der Bekanntmachung vom 10. April 1991 (BGBl. I S. 886), das zuletzt durch Artikel 1 des Gesetzes vom 21. Juli 2012 (BGBl. I S. 1613) geändert worden ist, werden nach den Wörtern „§ 137 des Fünften Buches Sozialgesetzbuch" die Wörter „und die Beteiligung ganzer Krankenhäuser oder wesentlicher Teile der Einrichtungen an einrichtungsübergreifenden Fehlermeldesystemen, sofern diese den Festlegungen des Gemeinsamen Bundesausschusses nach § 137 Absatz 1d Satz 3 des Fünften Buches Sozialgesetzbuch entsprechen," eingefügt.

Artikel 4a

Änderung der Zulassungsverordnung für Vertragsärzte

Die Zulassungsverordnung für Vertragsärzte in der im Bundesgesetzblatt Teil III, Gliederungsnummer 8230-25, veröffentlichten bereinigten Fassung, die zuletzt durch Artikel 9 des Gesetzes vom 22. Dezember 2011 (BGBl. I S. 2983) geändert worden ist, wird wie folgt geändert:

1. In § 13 Absatz 2 Satz 1 werden nach dem Wort „Landesbehörden" die Wörter „und die auf Landesebene für die Wahrnehmung der

Interessen der Patientinnen und Patienten und der Selbsthilfe chronisch kranker und behinderter Menschen maßgeblichen Organisationen" eingefügt.

2. In § 31 Absatz 6 Satz 2 wird die Angabe „§ 18 Abs. 2 Buchstabe e" durch die Wörter „§ 18 Absatz 2 Nummer 5" ersetzt.
3. § 31a Absatz 1 Satz 1 wird wie folgt geändert:
   a) In Nummer 2 wird das Wort „Vorsorgevertrag" durch das Wort „Versorgungsvertrag" und die Angabe „§ 111 Satz 2" durch die Angabe „§ 111 Absatz 2" ersetzt.
   b) In Nummer 3 wird die Angabe „§ 119b Satz 3" durch die Wörter „§ 119b Absatz 1 Satz 3 und 4" ersetzt.

Artikel 4b

Änderung der Zulassungsverordnung für Vertragszahnärzte

Die Zulassungsverordnung für Vertragszahnärzte in der im Bundesgesetzblatt Teil III, Gliederungsnummer 8230-26, veröffentlichten bereinigten Fassung, die zuletzt durch Artikel 10 des Gesetzes vom 22. Dezember 2011 (BGBl. I S. 2983) geändert worden ist, wird wie folgt geändert:

1. In § 13 Absatz 2 Satz 1 werden nach dem Wort „Landesbehörden" die Wörter „und die auf Landesebene für die Wahrnehmung der Interessen der Patientinnen und Patienten und der Selbsthilfe chronisch kranker und behinderter Menschen maßgeblichen Organisationen" eingefügt.
2. In § 31 Absatz 6 Satz 2 wird die Angabe „§ 18 Abs. 2 Buchstabe e" durch die Wörter „§ 18 Absatz 2 Nummer 5" ersetzt.

Artikel 4c

Änderung der Bundesärzteordnung

In § 6 Absatz 1 der Bundesärzteordnung in der Fassung der Bekanntmachung vom 16. April 1987 (BGBl. I S. 1218), die zuletzt durch Artikel 29 des Gesetzes vom 6. Dezember 2011 (BGBl. I S. 2515) geändert worden ist, wird in Nummer 3 das Wort „oder" durch ein Komma ersetzt, wird in Nummer 4 der Punkt durch das Wort „oder" ersetzt und wird folgende Nummer 5 angefügt:

„5. sich ergibt, dass der Arzt nicht ausreichend gegen die sich aus seiner Berufsausübung ergebenden Haftpflichtgefahren versichert ist, sofern kraft Landesrechts oder kraft Standesrechts eine Pflicht zur Versicherung besteht."

Artikel 5

Inkrafttreten

Dieses Gesetz tritt am Tag nach der Verkündung in Kraft.

Die verfassungsmäßigen Rechte des Bundesrates sind gewahrt.

Das vorstehende Gesetz wird hiermit ausgefertigt. Es ist im Bundesgesetzblatt zu verkünden.

Berlin, den 20. Februar 2013

Der Bundespräsident
Joachim Gauck

Die Bundeskanzlerin
Dr. Angela Merkel

Die Bundesministerin der Justiz
S. Leutheusser-Schnarrenberger

Der Bundesminister für Gesundheit
Daniel Bahr

11.2 Kommentar zum Patientenrechtegesetz

DIETER HART

Die Diskussion um ein Patientenrechtegesetz (PatRG) wird in Deutschland seit über 20 Jahren kontrovers geführt.[29] Nach der Verabredung in der Koalitionsvereinbarung zwischen CDU/CSU und FDP wurde ein Grundlagenpapier (Eckpunktepapier) eines solchen Gesetzes vorgelegt.[30] Am 25. Mai 2012 ist der im Januar 2012 vorgelegte Referentenentwurf[31], der hinter dem Grundlagenpapier zurückblieb, mit geringfügigen Änderungen zum Regierungsentwurf (PatRGE)[32] geworden. Über den Regelungsansatz, die Regelungsmethode und den Regelungsumfang wurde noch zu diesem Zeitpunkt intensiv diskutiert.[33]

Die 1. Lesung des PatRGE in Deutschen Bundestag (BT) fand nach der Befassung des Bundesrates (BR) am 28.9.2012 statt. Am 22.10.2012 gab es eine öffentliche Anhörung gemeinsam durch den Rechtsausschuss

[29] Überblick und Entwicklung von der Charta zum Gesetz bei Hart, Patientenrechte – Belastung der Arzt-Patient-Beziehung? Ein Plädoyer für gute Organisation und Gesetzesregelung, in: Hoepfert (Hrsg.), Der Wandel der Patientenrolle, 2011, S. 117–131; ders., Patientenrechte, in: Rieger/Dahm/Katzenmeier/Steinhilper/Stellpflug (Hrsg.), Heidelberger Kommentar – Arztrecht, Krankenhausrecht, Medizinrecht [HK-AKM]), Stand April 2017, KZA 4015; Kubella, Patientenrechtegesetz, 2011, S. 15 ff.

[30] Siehe http://www.patientenbeauftragter.de/front_content.php?idart=56; dazu Hart, Für ein Patientenrechtegesetz!, DKG Forum 4/2011, 27–31.

[31] BMJ/BMG, Entwurf eines Gesetzes zur Verbesserung der Rechte von Patientinnen und Patienten (Patientenrechtegesetz), http://www.bmg.bund.de/fileadmin/dateien/Downloads/Gesetze_und_Verordnungen/Laufende_Verfahren/P/Patientenrechte/Referentenentwurf_Patientenrechte_BMJ_BMG_Endfassung_120116.pdf; dazu Spickhoff, Patientenrechte und Gesetzgebung, ZRP 2012, 65-69.

[32] Entwurf eines Gesetzes zur Verbesserung der Rechte von Patientinnen und Patienten BT-Drs. 17/10488 v. 15.8.2012 mit Stellungnahme des Bundesrates (BR).

[33] Dazu Hart, Ein Patientenrechtegesetz ohne Eigenschaften – Über den Mangel an legislativer Eigenständigkeit, GesR 2012, 385 ff.; ein Teil der folgenden Ausführungen orientiert sich an diesem Aufsatz. Der Gesetzentwurf ist ebenfalls kommentiert worden von Katzenmeier, Die Rahmenbedingungen der Patientenautonomie, MedR 2012, 576 ff.; Spickhoff, Patientenrechte und Gesetzgebung, ZRP 2012, 65 ff.; Wagner, Kodifikation des Arzthaftungsrechts? Zum Entwurf eines Patientenrechtegesetzes, VersR 2012, 789 ff.

und Gesundheitsausschuss des BT, der dort am 28.11.2012 die abschließende Ausschussberatung mit der Beschlussempfehlung (BT-Drs. 17/11710) folgte. Die 2. und 3. Lesung des Gesetzes erfolgte am 29.11.2012 im BT.[34] Der BR hat am 1. Februar 2013 dem Gesetz zugestimmt. Das Gesetz ist am 25.2.2013 verkündet worden und am Tag danach in Kraft getreten.[35]

Die Erwartungen an das Gesetz waren hoch, wegen der Variationsbreite der Interessenstandpunkte sehr unterschiedlich und schon deshalb nicht zu befriedigen. Ist man nicht einem solcher Standpunkte vorbehaltslos verpflichtet, fällt die Beurteilung des PatRG nicht leicht.[36] Jedenfalls folgenden Zielen sollte es aber genügen:

- Er sollte den erreichten Diskussionsstand reflektieren,
- die wichtigsten, auch neueren Problemlagen aufgreifen,
- eine Mitte zwischen Bestandssicherung und Fortbildung der individuellen und kollektiven Patientenrechte finden und,
- wenn das Pendel nicht zur Fortbildung ausschlägt, jedenfalls eine Fortbildung durch Rechtsanwendung nicht behindern.

Ob das Gesetz diesen Zielen gerecht geworden ist und ob es sich in der Praxis bewährt, wird unter Abschnitt 11.2.3.2 diskutiert; neue Initiativen werden knapp unter Abschnitt 11.2.3.3 dargestellt.

11.2.1 Das Programm des PatRG

Das Credo des PatRG wird in folgendem Zitat aus seiner Begründung deutlich:[37]

„Richtig verstandener Patientenschutz setzt nicht auf rechtliche Bevormundung, sondern orientiert sich am Leitbild des mündigen Patienten.

[34] BT-Drs. 17/11710 v. 28.11.2012.

[35] Gesetz zur Verbesserung der Rechte von Patientinnen und Patienten vom 20. Februar 2013, BGBl. I, S. 277 v. 25.2.2013.

[36] Insgesamt die Übersicht und Bewertung von Katzenmeier, Patientenrechte und Arzthaftung – Karlsruher Forum 2013, Schriftenreihe VersR, Bd. 52, Hrsg. Egon Lorenz, Karlsruhe, 2014.

[37] BT-Drs. 17/10488, S. 9 f.

Diesem Ziel trägt der Gesetzentwurf in zweierlei Weise Rechnung, nämlich zum einen durch Regelungen auf dem Gebiet des zivilrechtlichen Behandlungs- und Arzthaftungsrechts sowie zum anderen durch Regelungen im Bereich der gesetzlichen Krankenversicherung … Transparente gesetzliche Regeln geben deshalb beiden Seiten die nötige Sicherheit. Verlässliche Informationen schaffen für die Patientinnen und Patienten Orientierung. Diese Informationen sind nicht Selbstzweck, sondern die Voraussetzung dafür, dass die Patientinnen und Patienten eigenverantwortlich und selbstbestimmt im Rahmen der Behandlung entscheiden können. Effektiv durchsetzbare und ausgewogene Rechte sichern das Gleichgewicht zwischen Behandelnden und Patientinnen und Patienten. Außerdem gilt es, Risiko- und Fehlervermeidungssysteme zu fördern, um die Behandlungsabläufe in immer komplexer werdenden medizinischen Prozessen zu optimieren."

Die Ziele Rechtssicherheit und Transparenz stehen im Vordergrund. Sie definieren den Charakter und den Regelungsumfang des PatRG und begrenzen gleichzeitig seinen Plan. Das PatRG enthält folgende Regelungsbereiche:

- Kodifizierung des *Behandlungsvertragsrechts* im Bürgerlichen Gesetzbuch
- Förderung der *Fehlervermeidungskultur*
- Stärkung der *Verfahrensrechte* bei Behandlungsfehlern
- Stärkung der Rechte gegenüber *Leistungsträgern*
- Stärkung der *Patientenbeteiligung* und
- Stärkung der *Patienteninformation*

11.2.2 Die wichtigsten Regelungen im Überblick

Seine meiner Ansicht wichtigsten *Schwerpunkte* liegen beim *Behandlungsvertragsrecht* (siehe Abschnitt 11.2.2.1) und bei der Förderung der *Fehlervermeidungskultur* (siehe Abschnitt 11.2.2.2). Dort liegen auch die Schwerpunkte der folgenden Darstellung und der abschließenden Kommentierung.

Die *Stärkung der Verfahrensrechte* bei Behandlungsfehlern betrifft § 66 SGB V/PatRG und ersetzt „können" durch „sollen", wodurch ein größeres Maß an Verlässlichkeit für die Unterstützung der Versicherten bei der Verfolgung von Behandlungsfehlern (weiter Begriff) gewährleistet werden wird.

Aufgrund eines Rechtsgutachtens von Katzenmeier/Jansen[38] zu dieser neugefassten Vorschrift des § 66 SGB V hat der Gesetzgeber durch das Heil- und Hilfsmittelversorgungsgesetz (HHVG) vom 4.4.2017, in Kraft getreten am 11.4.2017[39] die folgenden beiden Sätze angefügt:

„Die Unterstützung der Krankenkassen nach Satz 1 kann insbesondere die Prüfung der von den Versicherten vorgelegten Unterlagen auf Vollständigkeit und Plausibilität, mit Einwilligung der Versicherten die Anforderung weiterer Unterlagen bei den Leistungserbringern, die Veranlassung einer sozialmedizinischen Begutachtung durch den Medizinischen Dienst nach § 275 Absatz 3 Nummer 4 sowie eine abschließende Gesamtbewertung aller vorliegenden Unterlagen umfassen. Die auf Grundlage der Einwilligung des Versicherten bei den Leistungserbringern erhobenen Daten dürfen ausschließlich zum Zwecke der Unterstützung des Versicherten bei Behandlungsfehlern verwendet werden."

Den Versicherten sollen also Leistungen gewährt werden, die ihnen die Beweisführung bei möglichen Behandlungsfehlern erleichtern[40] (die Aufzählung der vier Arten von Unterstützungsleistungen ist nicht abschließend, „insbesondere"). Die Kosten der Rechtsverfolgung sollen allerdings nicht umfasst sein.[41]

Die *Stärkung der Rechte gegenüber Leistungsträgern* besteht einerseits in der Beschleunigung von Bewilligungsverfahren, wenn nicht inner-

---

[38] Katzenmeier/Jansen, GKV-Unterstützung bei Behandlungsfehlerverdacht, Kölner Schriften zum Medizinrecht, Katzenmeier (Hrsg.), 2018.

[39] BGBl. I S. 778, 779.

[40] Katzenmeier/Jansen, GKV-Unterstützung bei Behandlungsfehlerverdacht, S. 119 ff.

[41] Auch dazu Katzenmeier/Jansen, GKV-Unterstützung bei Behandlungsfehlerverdacht, S. 58 ff. mit umfassenden Literaturangaben und differenzierter Darstellung des Meinungsstandes.

halb von fünf Wochen bzw. unverzüglich über einen Antrag auf eine Leistung entschieden wird, § 13 Abs. 3a SGB V/PatRG – der Sache nach eine Erweiterung des Erstattungsverfahrens, andererseits in der Einführung eines Widerrufsrechts bei der Entscheidung über die Teilnahme an der hausärztlichen Versorgung, § 73b SGB V/PatRG. Die Stärkung der *Patientenbeteiligung* betrifft insbesondere die Landesebene, ist aber insgesamt nicht von erheblicher Relevanz. Das Stichwort Stärkung der *Patienteninformation* meint eine Aufforderung an den Patientenbeauftragten, die Patienten über ihre Rechte verständlich und umfassend in geeigneter Form zu informieren und eine solche Information bereitzuhalten, § 140h Abs. 2 SGB V/PatRG, wozu dieser auch bisher schon befugt gewesen wäre. Die letzten drei Spiegelstriche des Programms sind insgesamt von geringer Bedeutung.

11.2.2.1 Behandlungsvertragsrecht

Die Konzentration der Patientenrechte durch das PatRG auf den Behandlungsvertrag und nicht auf das gesamte patientenbezogene Medizin- oder Arztrecht[42] bewirkt u. a., dass das medizinbezogene Deliktsrecht weiter parallel läuft, der Gleichlauf von Vertrags- und Deliktsrecht in Frage gestellt wird und Letzteres auch zukünftig jenseits der vertragsrechtlichen Festschreibung ein Rechtsfortbildungszentrum bleibt.[43]

Der *Behandlungsvertrag* (eigener Untertitel für den besonderen Dienstvertrag; §§ 630a ff. BGB/PatRG) wird dem subsidiär anwendbaren Dienstvertragsrecht zugeordnet; Werkvertragsrecht gilt nur bei individuellen Erfolgsvereinbarungen zwischen den Parteien. Behandlung ist medizinische Behandlung, ohne dass das näher definiert wird. § 630a Abs. 1 BGB/PatRG lautet:

---

42 Katzenmeier, in: Laufs/Katzenmeier/Lipp, Arztrecht, 7. Aufl. 2015 (das Medizinrecht in der Tradition Adolf Laufs); S. 334 f, der bezweifelt, dass sich der bisherige Gleichlauf von Vertrags- und Deliktsrecht friktionslos fortsetzt.

43 Voigt, in: Dauner-Lieb/Langen, BGB, Schuldrecht, 3. Aufl. Bd. 2/2, vor § 630a, Rn. 16 (im Folgenden NK-BGB); siehe auch unten, Abschnitt 11.2.3.2.

> *„Durch den Behandlungsvertrag wird derjenige, welcher die medizinische Behandlung eines Patienten zusagt (Behandelnder), zur Leistung der versprochenen Behandlung, der andere Teil (Patient) zur Gewährung der vereinbarten Vergütung verpflichtet, soweit nicht ein Dritter zur Zahlung verpflichtet ist."*

Der Behandlungsvertrag gilt auch für die medizinischen Leistungen von Hebammen, Masseuren und medizinischen Bademeistern, Ergotherapeuten, Logopäden, Physiotherapeuten und Heilpraktikern. Behandelnder sind auch die Träger von Krankenhäusern oder medizinische Versorgungszentren („Zusage der Behandlung").[44] Fragen des Krankenhausvertrages werden nicht ausdrücklich geregelt, sind aber durch die Rechtsprechung weitgehend geklärt.[45]

Hauptleistungspflichten

Die Hauptleistungspflichten des Behandlungsvertrages sind einerseits die medizinische Behandlung gemäß § 630a Abs. 1 BGB/PatRG, andererseits die Informations- und *Aufklärungspflichten* gemäß § 630c Abs. 2 und 630e BGB/PatRG. Das Gesetz unterscheidet erstmals die *Informationspflichten* und die Aufklärungspflichten. Unter dem Begriff der *Informationspflichten* werden ganz unterschiedliche Tatbestände subsumiert: die (alte) *Sicherungsaufklärung* gemäß § 630c Abs. 2 S. 1 BGB/PatRG, die *Information über Behandlungsfehler* gemäß § 630c Abs. 2 S. 2, 3 BGB/PatRG und die (alte) *wirtschaftliche Aufklärung* gemäß § 630c Abs. 3 BGB/PatRG. Von den Informationspflichten ist jedenfalls die Sicherungs- oder Sicherheitsaufklärung, auch therapeutische Aufklärung genannt, Hauptleistungspflicht und (wie bisher) Teil der Hauptleistungspflicht medizinische Behandlung.[46] Es ist kaum anzunehmen, dass das Gesetz die bisherige Einordnung der wirtschaftlichen Aufklä-

---

44 Siehe insgesamt Rehborn/Gescher, in: Erman, Bürgerliches Gesetzbuch (Hrsg. H. P. Westermenn/Grunewald/Maier-Reimer), 15. Aufl. 2017, § 630a Rn. 13 ff.

45 Pauge/Offenloch, Arzthaftungsrecht, Rn. 7 ff.

46 Katzenmeier, in: Laufs/Katzenmeier/Lipp, Arztrecht, S. 111 f; NK-BGB/Voigt § 630c, Rn. 4 ff.

rung als Nebenleistungspflicht und der Behandlungsfehlerinformation als Nebenpflicht ändern wollte. Jedenfalls ist das auch aus der Gesetzesbegründung nicht zu entnehmen. Die (alte) Aufklärungspflicht *(Selbstbestimmungsaufklärung)* gemäß § 630e Abs. 1 BGB/PatRG ist selbstverständlich vertragliche Hauptleistungspflicht.

Der Behandlungsvertrag ist ein Vertrauens- und Kommunikationsverhältnis oder therapeutisches Arbeitsbündnis zwischen Patient, Arzt und Pflege.[47] Sein Gelingen beruht auf Vertrauen und guter Kommunikation. Es ist deshalb keine Selbstverständlichkeit, sondern eine Aufforderung zur Gegenseitigkeit, wenn § 630c Abs. 1 BGB/PatRG formuliert:

„Behandelnder und Patient sollen zur Durchführung der Behandlung zusammenwirken."

Mit dieser Formulierung wird das in der Medizin seit einiger Zeit auch in Deutschland diskutierte und sich langsam durchsetzende Kommunikationsprinzip einer *gemeinsamen Entscheidungsfindung zwischen Arzt und Patient* umschrieben. Es ist allerdings zu beachten, dass die Entscheidung über Behandlung oder Nicht-Behandlung immer eine Entscheidung des Patienten bleibt. Der Patient kann allerdings seine Entscheidung selbstverständlich auch auf den Arzt ausdrücklich delegieren, was aber ein Mindestmaß an Information über die medizinische Behandlung voraussetzt.

Medizinische Behandlung

Erstmals erscheint in der Regelung des § 630a Abs. 2 BGB/PatRG als Präzisierung der Hauptleistungspflicht der *Standardbegriff*, eine Neuerung im Gesetzesrecht.

„Die Behandlung hat nach den zum Zeitpunkt der Behandlung bestehenden, allgemein anerkannten fachlichen Standards zu erfolgen, soweit nicht etwas anderes vereinbart ist."

[47] Katzenmeier, Arzthaftung, 2002, S. 57 ff.

Durch diese Regelung wird die eine vertragliche *Hauptleistungspflicht* des Behandelnden [Vertragsarzt, Krankenhaus(träger)] – die andere Hauptleistungspflicht sind die Patienteninformation und Aufklärung; vgl. § 630c Abs. 2 S. 1 und 630e BGB/PatRG – definiert, wobei der Standard sich auf die medizinische Behandlung und den Behandlungs*prozess* (seine Organisation) beziehen kann. Der Begriff des fachlichen Standards betrifft also einerseits die wissenschaftlichen, praktischen und Akzeptanzanforderungen der (ärztlichen) Profession, die häufig in Empfehlungen (von ärztlichen Leitlinien über clinical pathways bis hin zu Pflegestandards) oder als Dienstanweisungen (im Krankenhaus) niedergelegt sind. Insofern existiert ein Professionsvorbehalt: Die Profession bestimmt den Standard der medizinischen Behandlung in einem rechtlichen Rahmen.[48] Dies ist durch § 630a Abs. 2 BGB/PatRG nunmehr festgeschrieben.

Die Bedeutung von *„allgemein anerkannt"* ist ein Hinweis auf die Bewährung bzw. Akzeptanz des Standards in der Profession. Allgemein anerkannt ist *nicht üblich* (faktische Praktizierung), sondern eine normative Bewertung, die eine gewisse Evidenzbasierung (Sicherheit des Wissens um die Qualität der Behandlung) und eine gewisse Begründetheit des Urteils über die Empfehlung der Behandlung (anerkannte Methode der Konsensfindung) voraussetzt. Je hochwertiger die Evidenz und das Verfahren der Konsensfindung (Akzeptanz, Anerkennung), desto eher ist die Voraussetzung „allgemein anerkannt" erfüllt. Hochwertige ärztliche Leitlinien oder auch Pflegestandards sind deshalb mindestens ein Indiz für die allgemeine Anerkennung.[49]

---

[48] Siehe Hart, Leitlinien und Haftung: Grundlagen – ein Update 2011, GesR 7/2011, 387-390 mit weiteren Nachweisen; ders., Kongruenz und Kontinuität in der Entwicklung von Medizin und Medizinrecht. Evidenzbasierte Medizin, gemeinsame Entscheidungsfindung, Sicherheit, MedR 2015, 1-11; ders., Haftungsrecht und Standardbildung in der modernen Medizin: e:med und Probleme der Definition des Standards. Eine Skizze, MedR 2016, 669-675; Katzenmeier, in: Laufs/Katzenmeier/Lipp, Arztrecht, S. 336 ff.

[49] Insgesamt dazu Hart, Ärztliche Leitlinien, in: Rieger/Dahm/Katzenmeier/Steinhilper/Stellpflug (Hrsg.), Heidelberger Kommentar Arztrecht Krankenhausrecht Medizinrecht, Stand: Februar 2011, KZA 530 m.w.N.; BGH Beschluss v. 28.3.2008 – VI ZR 57/07, GesR 2008, S. 361 f.

Die medizinische Behandlung ist aber gleichzeitig *Behandlungsprozess*. Behandlungsprozess ist der organisatorisch-institutionelle Rahmen, innerhalb dessen die ärztliche Behandlung durchgeführt wird. Behandlung und Behandlungsprozess sind zu unterscheiden. Der Standard der Behandlung unterliegt dem Professionsvorbehalt, der Standard des Behandlungsprozesses ist eine interdisziplinäre und multiprofessionelle Veranstaltung. Der *Standard guter Organisation* des Behandlungsprozesses wird durch Organisationswissenschaft, Medizin und Recht festgelegt. Recht wird durch die beiden anderen Wissenschaften und Professionen beraten, muss aber letztendlich selbst über den Standard des Behandlungsprozesses abwägend und generalisierend entscheiden.[50] Insofern ist der Begriff des *fachlichen Standards* in § 630a Abs. 2 BGB/PatRG doppelgesichtig und doppeldeutig: Der Behandlungsstandard wird durch die Medizin, der des Behandlungsprozesses durch das Recht festgesetzt. Auch dieser Organisationsstandard („guter Behandlungsprozess") muss allgemein anerkannt sein. Insofern gelten die gerade für den Standard guter Behandlung gemachten Ausführungen ebenso.

Beide Standards sind für den *Zeitpunkt der Behandlung* festzustellen. Hat der Behandlungsvertrag einen (individuellen oder systematischen) Heilversuch zum Gegenstand, wird der Standard durch die Grundsätze guten Versuchshandelns bestimmt.[51]

Informationspflichten: Sicherungsaufklärung

Informationspflichten sind die *Sicherungsaufklärung* gemäß § 630c Abs. 2 S. 1 BGB/PatRG, die *Information über Behandlungsfehler* gemäß § 630c Abs. 2 S. 2, 3 BGB/PatRG und die *wirtschaftliche Aufklärung* gemäß § 630c Abs. 3 BGB/PatRG. Die wichtigste ist die Sicherungsaufklärung. Sie soll hier auch im Vordergrund stehen.

---

50 Vgl. Hart, Organisationsfehler, in: Rieger/Dahm/Katzenmeier//Steinhilper/Stellpflug (Hrsg.), Heidelberger Kommentar Arztrecht Krankenhausrecht Medizinrecht, Stand: Juni 2012, KZA 3948, Rn. 1 ff., 8 ff.; NK-BGB/Voigt, § 630a, Rn. 43 ff.

51 Hart, Heilversuch und klinische Prüfung – Kongruenz und Differenz, MedR 2015, 766-775; ders., Heilversuch, in: C. Lenk/Duttge/Fangerau (Hrsg.), Handbuch Ethik und Recht der Forschung am Menschen, 2014, S. 47–56.

Die *Sicherungsaufklärung* ist Teil der vertraglichen Hauptpflicht Behandlung. Sie ist durch den Arzt vorzunehmen und soll den Patienten in den Stand versetzen, an der Behandlung *mitzuwirken*, und sie soll mögliche *Gefahren* von ihm *abwenden*. Diese Zielsetzung umschreibt § 630c Abs. 2 S. 1 BGB/PatRG folgendermaßen:

„Der Behandelnde ist verpflichtet, dem Patienten in verständlicher Weise zu Beginn der Behandlung und, soweit erforderlich, in deren Verlauf sämtliche für die Behandlung wesentlichen Umstände zu erläutern, insbesondere die Diagnose, die voraussichtliche gesundheitliche Entwicklung, die Therapie und die zu und nach der Therapie zu ergreifenden Maßnahmen."

Die Sicherungsaufklärung muss vor *Beginn der Behandlung* erfolgen, denn sonst könnte sie ihre beiden Aufgaben, Befähigung zur Mitwirkung an der Behandlung und Gefahrabwendung nicht erfüllen. Sie bezieht sich aber auch auf die Zeit nach der Behandlung („in deren Verlauf"), ist also insofern auch eine *begleitende* und *nachsorgende* Pflicht des Arztes. Sie muss *verständlich* sein und der Arzt muss sich davon überzeugen, dass der Patient die Information verstanden hat. Sie betrifft den gesamten Prozess der Behandlung, also die Diagnostik, die Therapie und die Nachbehandlung, und gilt selbstverständlich auch für eine Rehabilitation.[52]

Bei der *Arzneimittelbehandlung* etwa gehört zur Sicherungsaufklärung die Information über die Dosierung, die Einnahme, die für diesen Patienten wichtigsten Risiken und die Information, wie er sich verhalten soll, wenn sich solche Risiken zeigen.[53] § 630c Abs. 2 BGB erfordert also insbesondere die Erläuterung der Diagnose, der voraussichtlichen gesundheitlichen Entwicklung, der Therapie und der zu und nach der Therapie zu ergreifenden Maßnahmen. Die Siche-

52 BeckOK BGB/Katzenmeier, 41. Ed. 1.11.2016, BGB § 630c Rn. 7-9; Rehborn/Gescher, in: Erman, Bürgerliches Gesetzbuch, § 630c Rn. 4 ff.

53 Vgl. Hart, Arzneimittelbehandlung, in: Rieger/Dahm/Katzenmeier/Steinhilper/Stellpflug (Hrsg.), Heidelberger Kommentar Arztrecht Krankenhausrecht Medizinrecht, Stand: Februar 2016, KZA 240.

rungsaufklärung umfasst z. B. die Dosierungsanleitung, Gegenanzeigen, Vorsichtsmaßnahmen, Gegenmaßnahmen. Im Vordergrund stehen die informationelle Sicherung der Compliance und die gefahrenvorsorgende Aufklärung über Arzneimittelrisiken (z. B. Beeinträchtigungen der Teilnahme am Straßenverkehr) und die Reaktionsmöglichkeiten bei ihrem Auftreten während oder nach der Behandlung. Die Bedeutung der Sicherungsaufklärung für die Stimulierung der Mitwirkung des Patienten insbesondere bei chronischen Erkrankungen wird inzwischen auch in der ärztlichen Praxis betont. Die Sicherungsaufklärung hat bei Medikationsänderungen ihre besondere Bedeutung.[54] Ein Verweis des Arztes auf die Packungsbeilage (Gebrauchsinformation) ist nicht ausreichend.

Es ist nicht geklärt und auch in der Gesetzesbegründung nicht erörtert, ob „sämtliche für die Behandlung wesentlichen Umstände" auch die sog. Qualitäts- oder Sicherheits- oder Organisationsaufklärung betreffen oder ob diese Information zur Selbstbestimmungsaufklärung gehört.[55] Da es m. E. um die Voraussetzungen einer selbstbestimmten Behandlungsentscheidung des Patienten geht, rechne ich diese Aufklärungsart zur Selbstbestimmungsaufklärung und behandle sie dort.

Aufklärungspflicht: Selbstbestimmungsaufklärung

Die Selbstbestimmungsaufklärung gemäß § 630e Abs. 1 BGB/PatRG ist vertragliche Hauptleistungspflicht und Voraussetzung der informierten Entscheidung des Patienten über die medizinische Behandlung oder Nicht-Behandlung (Einwilligung; § 630d Abs. 1 BGB/PatRG). Nur eine den Anforderungen des § 630e Abs. 1 BGB/PatRG entsprechende Aufklärung führt zu einer wirksamen Einwilligung gemäß § 630d Abs. 2 BGB/PatRG.

---

54 Siehe OLG Köln VersR 2013, 237 – Medikamentenumstellung bei schwerer Herzerkrankung.

55 Vgl. Hart, Organisationsfehler, in: Rieger/Dahm/Katzenmeier/Steinhilper/Stellpflug (Hrsg.), Heidelberger Kommentar Arztrecht Krankenhausrecht Medizinrecht, Stand: Juni 2012, KZA 3948, Rn. 26 ff. m.w.N.

Aufklärung

§ 630e Abs. 1 BGB/PatRG lautet:

> *„Der Behandelnde ist verpflichtet, den Patienten über sämtliche für die Einwilligung wesentlichen Umstände aufzuklären. Dazu gehören insbesondere Art, Umfang, Durchführung, zu erwartende Folgen und Risiken der Maßnahme sowie ihre Notwendigkeit, Dringlichkeit, Eignung und Erfolgsaussichten im Hinblick auf die Diagnose oder die Therapie. Bei der Aufklärung ist auch auf Alternativen zur Maßnahme hinzuweisen, wenn mehrere medizinisch gleichermaßen indizierte und übliche Methoden zu wesentlich unterschiedlichen Belastungen, Risiken oder Heilungschancen führen können."*

Die Behandlungsinformation hat als Selbstbestimmungsaufklärung die Information über die Diagnose, den Verlauf der Erkrankung mit und ohne Behandlung *(Verlaufsaufklärung)* sowie über den Nutzen und die Risiken der Behandlung (Gegenanzeigen, Wechselwirkungen, Warnhinweise, Hinweise für den Fall der Überdosierung, Nebenwirkungen; *Risikoaufklärung*) und über *Behandlungsalternativen* zum Gegenstand. Sie richtet sich abstrakt-gegenständlich beispielsweise nach der Gebrauchs- und Fachinformation des Arzneimittels („abstrakt"), aber konkret-situativ nach den individuellen Patientenbedürfnissen (patientenbezogene Information).[56] Die Behandlungsinformation (Verlaufs-, Risiko- und Alternativeninformation) muss auf dem jeweiligen Stand des Wissens zum Zeitpunkt der Behandlung und zwar über den gesamten Behandlungsprozess erfolgen. Die gegebene Aufklärung soll den Patienten in den Stand setzen, eine selbstbestimmte Nutzen/Risiko-Abwägung zu treffen. Der Umfang der Aufklärung hängt im Einzelfall von der Schwere des ärztlichen Eingriffs, seiner Bedeutung für die Lebensführung des Patienten, der Art und Intensität der Risiken und ihrer Reversibilität und von der

[56] Vgl. Hart, Arzneimittelbehandlung, in: Rieger/Dahm/Katzenmeier/Steinhilper/Stellpflug (Hrsg.), Heidelberger Kommentar Arztrecht Krankenhausrecht Medizinrecht, Stand: Februar 2016, KZA 240 Rn. 21 ff; BeckOK BGB/Katzenmeier, 41. Ed. 1.11.2016, BGB § 630e Rn. 10–13.

Dringlichkeit des Eingriffs ab. Ein gravierender, nicht dringlicher Eingriff mit erheblichen Risiken erfordert eine intensive und gründliche Aufklärung, während eine vital indizierte risikoreiche Notfallbehandlung es erlaubt, den zeitlichen Umfang der Aufklärung auf das Notwendigste zu reduzieren (vgl. § 630e Abs. 3 BGB).[57] Katzenmeier[58] formuliert die gesamte Rechtsprechung[59] treffend zusammenfassend:

> *„Auf eine* ***Kurzformel*** *gebracht ist der Patient vom Arzt im Rahmen der Selbstbestimmungsaufklärung zu unterrichten über den ärztlichen Befund, über Art, Tragweite, Dringlichkeit, voraussichtlichen Verlauf und Folgen des geplanten Eingriffs, über Art und konkrete Wahrscheinlichkeit der verschiedenen Risiken im Verhältnis zu den entsprechenden Heilchancen, über mögliche andere Behandlungsweisen und über die ohne den Eingriff zu erwartenden Risiken einer Verschlechterung des Gesundheitszustandes …"*

Die *Diagnoseaufklärung* ist die Information über den medizinischen Befund und die Erkrankung.

Die *Verlaufsaufklärung* umfasst die Information über den Verlauf der Erkrankung mit und ohne etwa eine Arzneimittelbehandlung. Deshalb ist z. B. auch über (Arzneimittel-)Alternativen zur vorgesehenen Behandlung und über ihre unterschiedlichen Nutzen zu informieren, wenn es sich um echte Alternativen handelt („verfügbar") und diese gleichermaßen indiziert sind.[60]

Die *Risikoaufklärung* soll den Patienten befähigen, eine selbstverantwortliche Entscheidung auch aufgrund der für ihn entscheidungserheblichen (unvermeidbaren) spezifischen und typischen Behandlungsrisiken zu treffen. Spezifische Risiken z. B. der Arzneibehandlung sind insbesondere ihre unerwünschten schädlichen Wirkungen. Dazu

[57] BeckOK BGB/Katzenmeier, BGB § 630e Rn. 53.
[58] BeckOK BGB/Katzenmeier, BGB § 630e Rn. 9.
[59] Pauge/Offenloch, Arzthaftungsrecht, Rn. 381 f., 390 ff.
[60] Vgl. BGHZ 102, 17 – Elektrokoagulation.

gehören z. B. Kontraindikationen, Unverträglichkeiten – auch seltene[61] – schädliche Nebenwirkungen und schädliche Wechselwirkungen des zu verordnenden Arzneimittels, wenn sie von einer solchen Relevanz sind, dass sie für die Entscheidung dieses oder eines verständigen Patienten Bedeutung haben. Das ist regelmäßig der Fall, wenn sie die körperliche Befindlichkeit des Patienten belasten können.[62] Auch das Absetzen einer angeratenen Arzneimitteltherapie ist aufklärungspflichtig. Dasselbe gilt, wenn eine Arzneimitteltherapie geändert werden soll. Der BGH formuliert:[63]

„Der Arzt hat den Patienten vor dem ersten Einsatz eines Medikaments, dessen Wirksamkeit in der konkreten Behandlungssituation zunächst erprobt werden soll, über dessen Risiken vollständig aufzuklären, damit der Patient entscheiden kann, ob er in die Erprobung überhaupt einwilligen oder ob er wegen der möglichen Nebenwirkungen darauf verzichten will."

Die Risiken einer zuvor erfolgten ärztlichen Behandlung könnten mit den Risiken der später vorgenommenen Behandlung nicht „verrechnet" werden. Vielmehr sei der Patient vor dem Einsatz eines neuen Medikaments über dessen Risiken vollständig aufzuklären.[64] Diese Entscheidung des BGH folgt der Linie, die aufklärungsrechtlich durch das Robodoc-[65] und das Heilversuchs-Urteil[66] begründet worden ist:

Über die unterschiedlichen Nutzen und Risiken oder Risikogruppen verschiedener in Betracht kommender *Behandlungsalternativen* ist aufzuklären. Das gilt nur, wenn die unterschiedlichen Behandlungen bei

---

61 Vgl BGHZ 144, 1 = NJW 2000, 1784 – Aufklärung bei Routineimpfung; siehe ausführlich BeckOK BGB/Katzenmeier, 41. Ed. 1.11.2016, BGB § 630e Rn. 14–20.

62 BGH VersR 1980, 847; 1982, 74; 1982, 147; NJW 1985, 2192; 1989, 1533.

63 BGH NJW 2007, 2771 = VersR 2007, 999 = MedR 2007, 718 m. Anm. Wenzel = GesR 2007, 362 – Medikamentenwechsel.

64 BGHZ 162, 320, 323 ff. m.w.N.; siehe auch Oberlandesgericht des Landes Sachsen-Anhalt, Beschluss vom 09. März 2015 – 1 U 10/14 Rn. 41, 46, juris.

65 BGHZ 162, 320 = NJW 2006, 2477 = MedR 2006, S 650; dazu Buchner, Der Einsatz neuer medizinischer Behandlungsmethoden – ärztliche Aufklärung oder präventive Kontrolle?, VersR 2006, 1460 ff.

66 BGHZ 172, 1 = MedR 2007, S 653 – Heilversuch mit Arzneimittel.

diesem Patienten indiziert (also in Betracht kommen) und verfügbar (also nicht erst im Versuchsstadium) sind („echte Behandlungsalternativen"). Die Aufklärung über Behandlungsalternativen muss den Patienten in den Stand setzen, eine begründete Nutzen/Risiko-Abwägung zwischen den Alternativen vorzunehmen. Der Begriff „übliche Methoden" in § 630e Abs. 1 BGB/PatRG ist missverständlich, weil es nicht um die faktische Anwendung, sondern um die medizinische Eignung und Bewährung der Methoden geht.

Ungeklärt ist bisher in der Rechtsprechung[67] und in der Literatur ist umstritten, ob der Behandelnde (Arzt, Krankenhaus) eine *Qualitäts- oder Organisationsaufklärung*, in welchem Umfang und gegebenenfalls auf welcher Grundlage (Selbstbestimmungsaufklärung, wirtschaftliche Aufklärung) vertraglich schuldet.[68] Die Gesetzesbegründung gibt darüber keinen Aufschluss. Meines Erachtens ist die Qualitätsaufklärung Teil der Selbstbestimmungsaufklärung und vertragsrechtlich geschuldet. Die Information über die persönliche – *nur:* unterstandardgemäße! – Qualifikation und Befähigung des behandelnden Arztes ist Teil der „Organisationsaufklärung" des Krankenhausträgers. Verfügt der Krankenhausträger über entsprechende negative Informationen („Anlass"), dann ist er zu Qualitätssicherungsmaßnahmen im Krankenhaus und zur Information des Patienten verpflichtet.[69]

---

[67] Z. B. BGHZ 102, 17, 26 f.; BGH NJW 1988, 2302; in dieselbe Richtung geht die Rechtsprechung zur Anfängeroperation, BGHZ 88, 248 – keine Aufklärung über die Operation durch einen Arzt in der Facharztausbildung erforderlich, weil Patient durch Behandlungsfehlertatbestand ausreichend geschützt sei.

[68] Pflüger, Patientenaufklärung über Behandlungsqualität und Versorgungsstrukturen – Erweiterte Haftungsrisiken für Arzt und Krankenhaus, MedR 2000, 6 ff.; ders., Krankenhaushaftung und Organisationsverschulden, 2002, S. 115 ff, teilweise ablehnend; teilweise bejahend Deutsch/Spickhoff, Medizinrecht, 7. Aufl. 2014, Rn. 453; eher in die Richtung vertraglich geschuldeter wirtschaftlicher Aufklärung G. Müller, Macht und Grenzen ärztlichen Handelns, in: Wandt/Reiff/Looschelders/Bayer (Hrsg.), Kontinuität und Wandel des Versicherungsrechts, Festschrift für Egon Lorenz zum 70. Geburtstag, 2004, S. 475, 495 f.

[69] Vgl. Hart, Organisationsfehler, in: Rieger/Dahm/Katzenmeier/Steinhilper/Stellpflug (Hrsg.), Heidelberger Kommentar Arztrecht Krankenhausrecht Medizinrecht, Stand: Juni 2012, KZA 3948, Rn. 24 ff. mit weiteren Angaben; teilweise a. A. BeckOK BGB/Katzenmeier, 41. Ed. 1.11.2016, BGB § 630e Rn. 25–31.

Wenn die GKV den *Leistungsanspruch* der Versicherten begrenzt, in der Medizin aber effektiv(er)e Behandlungsmöglichkeiten zur Verfügung stehen, dann muss der Patient wissen, dass und wie er sich solcher Leistungen versichern kann (*Leistungsaufklärung*). Jede Beschränkung der Leistungen der GKV hat auf der Kehrseite potenziell die private Finanzierung dieser Leistungen zur Folge. Bestehen echte, bessere oder risikoärmere Behandlungsmöglichkeiten, so ist vor der Behandlung über diese sowohl im Hinblick auf einen unterschiedlichen Verlauf der Erkrankung mit den unterschiedlichen Behandlungen wie über deren unterschiedliches Nutzen/Risiko-Profil aufzuklären. Dasselbe muss auch für den Fall gelten, dass das GKV-System die Behandlung von Krankheiten zeitlich oder sachlich nicht (mehr vollständig) umfasst.[70] Beispielhaft sei nochmals die sozialgesetzliche Verpflichtung zur Information § 73 Abs. 5 S. 3 SGB V genannt (Hinweis auf Pflicht zur Übernahme der Mehrkosten für Arzneimittel nach § 35 und 35 a SGB V).[71] Eine weitergehende Informationspflicht bei Wahlleistungen enthält § 17 Abs. 2 Satz 1 2. HS KHEntgG. Es ist zu berücksichtigen, dass letztere Aufklärung als *wirtschaftliche Aufklärung* gemäß § 630c Abs. 3 BGB/PatRG zu erfolgen hat.[72]

Einschränkungen der Verpflichtung zur Aufklärung regelt § 630e Abs. 3 BGB/PatRG:

> *„Der Aufklärung des Patienten bedarf es nicht, soweit diese ausnahmsweise auf Grund besonderer Umstände entbehrlich ist, insbesondere wenn die Maßnahme unaufschiebbar ist oder der Patient auf die Aufklärung ausdrücklich verzichtet hat."*

Die Grundvoraussetzung („besondere Umstände ...") ist restriktiv („ausnahmsweise") zu interpretieren. Sie ist etwa dann erfüllt, wenn die Aufklärung des Patienten zu einer akuten Selbstgefährdung führt und dies durch aussagekräftige individualisierbare Hinweise aus der

---

[70] Siehe allgemein Katzenmeier, Behandlungsfehler, in: Rieger/Dahm/Katzenmeier/Steinhilper/Stellpflug (Hrsg.),HK-AKM KZA 750 Rn. 22 ff.

[71] Dazu Hart, Arzneimitteltherapie und ärztliche Verantwortung, 1990, S. 75 ff.

[72] BeckOK BGB/Katzenmeier, 41. Ed. 1.11.2016, BGB § 630c Rn. 17 ff.

Vergangenheit oder Gegenwart begründet ist. Der Hinweis auf die Schwere der (allgemeinen) Erkrankung reicht also keinesfalls aus, um die Aufklärungspflicht einzuschränken. Bei *unaufschiebbaren* (Notfall; Bewusstlosigkeit) *Maßnahmen* muss die Aufklärung so schnell wie möglich nachgeholt werden. Es ist aber immer § 630d Abs. 1 S. 4 BGB/PatRG zu berücksichtigen:

„Kann eine Einwilligung für eine unaufschiebbare Maßnahme nicht rechtzeitig eingeholt werden, darf sie ohne Einwilligung durchgeführt werden, wenn sie dem mutmaßlichen Willen des Patienten entspricht."

„Der Inhalt dieses mutmaßlichen Willens ist primär aus den persönlichen Umständen des Betroffenen und seinen individuellen Interessen, Wünschen, Bedürfnissen und Wertvorstellungen zu ermitteln (BGH NJW 1977, 337, 338; VersR 2000, 603, 605)."[73]

Die allgemeinen Bedingungen der Aufklärung regelt § 630e Abs. 2 BGB/PatRG:

„Die Aufklärung muss

1. *mündlich durch den Behandelnden oder durch eine Person erfolgen, die über die zur Durchführung der Maßnahme notwendige Ausbildung verfügt; ergänzend kann auch auf Unterlagen Bezug genommen werden, die der Patient in Textform erhält;*
2. *so rechtzeitig erfolgen, dass der Patient seine Entscheidung über die Einwilligung wohlüberlegt treffen kann;*
3. *für den Patienten verständlich sein.*

Dem Patienten sind Abschriften von Unterlagen, die er im Zusammenhang mit der Aufklärung oder Einwilligung unterzeichnet hat, auszuhändigen."

Die Regelung entspricht bis auf eine Einschränkung und den letzten Satz der bisherigen Rechtsprechung. Die Aufklärung hat im *individuel-*

[73] Gesetzesbegründung BT-Drs. 17/10488, S. 24.

len Gespräch zwischen Patient und Arzt zu erfolgen. Sie hat in der Regel durch den behandelnden Arzt, kann aber auch – etwa im Krankenhaus – durch eine mit der Durchführung der Behandlung vertraute und zu ihr ausgebildete Person geschehen. Im *Referentenentwurf* hieß es noch, dass die Aufklärung durch einen an der Durchführung des Eingriffs Beteiligten, der über die zur sachgemäßen Aufklärung notwendigen Fachkenntnisse und Erfahrungen verfügt, im *Regierungs*entwurf, dass die Aufklärung durch einen zur Behandlung Befähigten erfolgen müsse. Der neue Wortlaut, der erst durch die *Beschlussempfehlung der Ausschüsse* am 28.11.2012 eingefügt und am 29.11.2012 vom *Bundestag* beschlossen wurde, widerspricht der bisherigen Rechtsprechung, die eine Befähigung zur Behandlung verlangte. Letzteres bedeutet, dass der Aufklärende auch selbst in der Lage wäre, die Behandlung durchzuführen. Durch den Wortlaut „über die notwendige Ausbildung verfügt" kann nunmehr jede Person aufklären, die eine entsprechende Ausbildung hat, auch dann, wenn sie die Behandlung noch nicht selbstständig, sondern nur unter Aufsicht durchführen könnte. Die Abweichung wird mit den Bedürfnissen der Praxis begründet. Meiner Ansicht nach ist allerdings Voraussetzung die Befähigung zur Aufklärung, d. h. der Aufklärende muss in der Lage sein, korrekt und den Anforderungen der standardgemäßen Behandlung entsprechend zu informieren.[74] Dies bedarf der Überprüfung durch den Organisationsverantwortlichen (Organisationshaftung).[75]

Formulare bzw. schriftliche Unterlagen (*Aufklärungsbögen*) können zur Aufklärung verwendet werden, aber sie ersetzen in keinem Falle das individuelle Aufklärungsgespräch. Es besteht keine Pflicht zur Verwendung von Aufklärungsbögen.[76] Wenn solche Bögen verwendet werden, sind sie dem Patienten in Textform auszuhändigen, soweit er sie im Zusammenhang der Aufklärung oder Einwilligung unterzeichnet hat. „Rechtzeitig" bedeutet, dass der Patient ausreichend Zeit hat, um

---

[74] Siehe dazu Hart, Patientensicherheit nach dem Patientenrechtegesetz, MedR 2013, 159, 162 f; teilweise weniger streng BeckOK BGB/Katzenmeier, 41. Ed. 1.11.2016, BGB § 630e Rn. 38; ähnlich Rehborn/Gescher, in: Erman, Bürgerliches Gesetzbuch, § 630e Rn. 16 ff.

[75] BeckOK BGB/Katzenmeier, 41. Ed. 1.11.2016, BGB § 630e Rn. 37.

[76] Rehborn/Gescher, in: Erman, Bürgerliches Gesetzbuch, § 630e Rn. 25, 27.

nach einer angemessenen Überlegungszeit zu einer wohlüberlegten Entscheidung zu kommen. Bei planbaren Entscheidungen muss die Aufklärung grundsätzlich zum Zeitpunkt der Planung, bei kleineren Eingriffen muss sie spätestens am Tag (nicht am Abend) vor dem Eingriff, sie darf keinesfalls nach der Sedierung für den Eingriff erfolgen. „Verständlich" heißt auch, dass sich der Arzt stichprobenweise versichern muss, dass der Patient die Aufklärung verstanden hat.

Alle *Fragen des Patienten* hat der Arzt verständlich, vollständig und wahrheitsgemäß zu beantworten.

Einwilligung

§ 630d Abs. 1 S. 1 BGB/PatRG lautet:

> *„Vor Durchführung einer medizinischen Maßnahme, insbesondere eines Eingriffs in den Körper oder die Gesundheit, ist der Behandelnde verpflichtet, die Einwilligung des Patienten einzuholen."*

Der Sache nach handelt es sich um eine (zweifelhafte) Übertragung der Körperverletzungsdoktrin des Deliktsrechts in das Vertragsrecht.[77] Im Gegensatz zu § 630c Abs. 1 S. 1 BGB/PatRG, der sich nicht nur auf den Beginn, sondern auch auf die Durchführung und die Nachsorge der Behandlung bezieht, ist für die Einwilligung nur von „vor der Durchführung" die Rede, wobei gemeint ist vor der Durchführung *jeder* medizinischen Maßnahme. Das ändert aber nichts daran, dass die Selbstbestimmungsaufklärung ebenso wie die Sicherungsaufklärung insgesamt die *Durchführung der Behandlung* begleitet und evtl. *nachsorgend* erteilt werden muss. Denn die Bedingungen für die Erteilung der Einwilligung können sich im Laufe der Behandlung durch neue Erkenntnisse oder Behandlungsmethoden, durch Veränderungen beim Patienten selbst oder durch Änderungen der institutionell-organisatorischen Bedingungen (Behandlungsprozess) entscheidungsrelevant

[77] Perspektivisch anders BeckOK BGB/Katzenmeier, 41. Ed. 1.11.2016, BGB § 630d Rn. 2 f.; wie hier NK-BGB/Voigt, § 630d Rn. 3.

anders entwickeln, als sie am Beginn der Behandlung waren. Eine relevant veränderte Situation der medizinischen Behandlung erfordert eine Anpassung der Selbstbestimmungsaufklärung. Das ist übrigens eine Ausprägung eines Prinzips des Vertragsrechts: Änderungen des Vertragsinhalts bedürfen eines neuen Konsenses (Vertragsänderungsangebot und -annahme).

Nebenpflichten

§ 630c Abs. 2-4 BGB/PatRG enthält im Gegensatz zur Sicherungsaufklärung des § 630c Abs. 2 S. 1 BGB/PatRG (Teil der Hauptpflicht Behandlung) vertragsrechtliche Nebenpflichten:

§ 630c Abs. 2 S. 2, 3 BGB/PatRG *Information über Behandlungsfehler* (Fehlerinformation)

> *„Sind für den Behandelnden Umstände erkennbar, die die Annahme eines Behandlungsfehlers begründen, hat er den Patienten über diese auf Nachfrage oder zur Abwendung gesundheitlicher Gefahren zu informieren. Erfolgt die Information nach Satz 2 durch denjenigen, dem der Behandlungsfehler unterlaufen ist, darf sie zu Beweiszwecken in einem gegen ihn geführten Strafverfahren oder in einem Verfahren nach dem Gesetz über Ordnungswidrigkeiten nur mit seiner Zustimmung verwendet werden."*

und § 630c Abs. 3 BGB/PatRG *Information über Behandlungkosten* („wirtschaftliche Aufklärung").

> *„Weiß der Behandelnde, dass eine vollständige Übernahme der Behandlungskosten durch einen Dritten nicht gesichert ist, oder ergeben sich nach den Umständen hierfür hinreichende Anhaltspunkte, muss er den Patienten vor Beginn der Behandlung über die voraussichtlichen Kosten der Behandlung in Textform informieren. Weitergehende Formanforderungen aus anderen Vorschriften bleiben unberührt."*

§ 630c Abs. 4 BGB/PatRG entspricht wortgleich § 630e Abs. 3 BGB/PatRG, der oben schon erläutert wurde.

Die *Fehleraufklärung* (Aufklärung über die Annahme eines Behandlungsfehlers) ist durch den jeweiligen Behandelnden geschuldet. Das kann derjenige sein, der die Behandlung fehlerhaft durchgeführt hat, oder der weiterbehandelnde Arzt, der den Fehler des vorangehenden Behandelnden feststellt. Die Regelung entspricht der bisherigen Rechtsprechung, soweit es sich um Fehler handelt, die zur Abwendung von gesundheitlichen Gefahren für den Patienten eine weitere (schadensmindernde) Behandlung erfordern. Neu, aber informationsrechtlich selbstverständlich ist die wahrheitsgemäße und vollständige Information über Behandlungsfehler auf *Nachfrage des Patienten.* Eine solche Information steht auch nicht im Gegensatz zu § 105 VVG. Im Gegenteil: „Reden ist Gold – Kommunikation nach einem Zwischenfall".[78]

Die zweite Informationspflicht betrifft eine *wirtschaftliche Aufklärung* des Patienten durch den Behandelnden (Arzt, Krankenhaus[träger]). Hier geht es insbesondere um Kosten einer medizinischen Behandlung, die die GKV (noch) nicht (mehr) übernimmt. In Betracht kommen besonders die vielfältigen und häufig zweifelhaft nützlichen IGel (Individuelle Gesundheitsleistungen). Gerade bei diesen Angeboten ist die vorherige Information über die (zusätzlichen) Kosten der diagnostischen oder therapeutischen Maßnahmen für die Entscheidung des Patienten wichtig. Die Information ist vor Beginn der Behandlung zu geben. Es ist für Patienten ratsam, sich des vorhandenen IGeL-Ratgebers der BÄK zu bedienen.[79] Ob es sich um eine GKV-Leistung oder eine IGeL handelt, kann unter Umständen erst nach der ärztlichen Anamnese (ärztliches Vorgespräch über die Krankengeschichte) und Diagnose festgestellt werden. Ein Vertrag über IGeL kann deshalb in diesen Fällen erst nach solchen Feststellungen zur

[78] Titel einer gleichnamigen Broschüre des Aktionsbündnisses Patientensicherheit (APS), 2. Aufl. 2017, dort insbesondere die ausführlichen rechtlichen Hinweise, http://www.aps-ev.de/wp-content/uploads/2016/08/APS_Reden_ist_Gold_2017.pdf. Ansonsten in der Kommentierung z. B. BeckOK BGB/Katzenmeier, 41. Ed. 1.11.2016, BGB § 630c Rn. 10–15; Rehborn/Gescher, in: Erman, Bürgerliches Gesetzbuch, § 630c Rn 10 ff.

[79] IGel-Ratgeber der Bundesärztekammer und der KBV in Zusammenarbeit mit dem Deutschen Netzwerk Evidenzbasierte Medizin e.V., Selbst zahlen?, 2. Auflage, November 2012, geändert Januar 2014, http://www.bundesaerztekammer.de/fileadmin/user_upload/downloads/Igelcheck2Aufl201401a.pdf.

Indikation oder unter einer aufschiebenden Bedingung wirksam abgeschlossen werden. §§ 3 Abs. 1, 18 Abs. 8 Nr. 3 BMV-Ä verpflichten den Vertragsarzt, für Leistungen, die nicht Bestandteil der vertragsärztlichen Versorgung sind, vorher die schriftliche Zustimmung des Versicherten einzuholen und ihn auf die Kostenfolgen hinzuweisen. Der IGeL-Vertrag mit dem Vertragsarzt bedarf berufsrechtlich der Schriftform. Für die IGel gilt selbstverständlich, was für alle medizinischen Behandlungen gilt: Sicherungsaufklärung (§ 630c Abs. 2 S. 1 BGB/PatRG) und Selbstbestimmungsaufklärung (§ 630e Abs. 1 BGB/PatRG) sind erforderlich und insbesondere über Nutzen und Risiken einer solchen Leistung.[80]

Dokumentation und Einsicht

Dokumentation ist die Grundlage für Einsicht und Einsicht sieht die Dokumentation. Die ärztlich/pflegerische Dokumentation dient einerseits dem Patienten – sie ist Rechenschaftspflicht gegenüber dem Patienten und schützt sein Persönlichkeitsrecht –, andererseits dem (weiterbehandelnden) Arzt. Sie ist Behandlungsprotokoll für den Patienten und ermöglicht dem Arzt die Weiterbehandlung. Die ärztliche Dokumentation ist nicht nur interne Gedächtnisstütze des Arztes, sondern eine vertragliche und deliktsrechtliche Verpflichtung zur Sicherung der ordnungsgemäßen Behandlung und zur Sicherung der Information über die Behandlung für den Patienten.[81] Nach der Gesetzesbegründung hat die Dokumentation auch die folgende Aufgabe, was bisher in der Rechtsprechung jedenfalls ausdrücklich so nicht anerkannt war:

> *„Schließlich spielt eine letzte Funktion der Dokumentation, die faktische Beweissicherung, für den Fall eines etwaigen Behandlungsfehlers eine maßgebliche Rolle."*[82]

[80] BeckOK BGB/Katzenmeier, 41. Ed. 1.11.2016, BGB § 630c Rn. 16 ff.

[81] BGHZ 72, 132, 137 f.; 85, 327, 331 f.; 99, 391, 396 f.; NJW 1989, 764; jüngster Überblick über die Rechtsprechung Pauge/Offenloch, Arzthaftungsrecht, Rn. 504 ff.

[82] Gesetzesbegründung BT-Drs. 17/10488, S. 26.

Vertragsrechtlich sind die Zielsetzung und der Umfang der Dokumentationspflicht nunmehr niedergelegt in § 630f Abs. 1 und 2 BGB/PatRG:

„(1) Der Behandelnde ist verpflichtet, zum Zweck der Dokumentation in unmittelbarem zeitlichen Zusammenhang mit der Behandlung eine Patientenakte in Papierform oder elektronisch zu führen. Berichtigungen und Änderungen von Eintragungen in der Patientenakte sind nur zulässig, wenn neben dem ursprünglichen Inhalt erkennbar bleibt, wann sie vorgenommen worden sind. Dies ist auch für elektronisch geführte Patientenakten sicherzustellen.

(2) Der Behandelnde ist verpflichtet, in der Patientenakte sämtliche aus fachlicher Sicht für die derzeitige und künftige Behandlung wesentlichen Maßnahmen und deren Ergebnisse aufzuzeichnen, insbesondere die Anamnese, Diagnosen, Untersuchungen, Untersuchungsergebnisse, Befunde, Therapien und ihre Wirkungen, Eingriffe und ihre Wirkungen, Einwilligungen und Aufklärungen. Arztbriefe sind in die Patientenakte aufzunehmen."

Die Aufzeichnungen des Behandlungsgeschehens müssen im *unmittelbaren zeitlichen Zusammenhang* mit der Behandlung erfolgen. Eine verspätete Dokumentation indiziert nicht die Richtigkeit der Wiedergabe des Behandlungsgeschehens. Wird eine dokumentationspflichtige Behandlung nicht in die Dokumentation aufgenommen, hat das die Folge des § 630h Abs. 3 BGB/PatRG (Vermutung):

„Hat der Behandelnde eine medizinisch gebotene wesentliche Maßnahme und ihr Ergebnis entgegen § 630f Absatz 1 oder Absatz 2 nicht in der Patientenakte aufgezeichnet oder hat er die Patientenakte entgegen § 630f Absatz 3 nicht aufbewahrt, wird vermutet, dass er diese Maßnahme nicht getroffen hat."

§ 630f Abs. 2 BGB/PatRG beschreibt das Dokumentationspflichtige. Es ist aus medizinischer („fachlicher") Sicht zu beurteilen, welches „für die derzeitige und künftige Behandlung wesentliche Maßnahmen" sind. Beispielhaft („insbesondere") werden wesentliche Maßnahmen und deren Ergebnisse aufgezählt. Dazu gehört auch die Medikation[83], Aufzeichnungen über eine Nachbehandlung[84], über Kontrollbefunde zum Behandlungsgeschehen[85] und Verlaufsdaten[86], um weitere dokumentationspflichtige Sachverhalte zu benennen.

Die Verletzung der Dokumentationspflicht ist nicht schadensersatzbewehrt, sondern führt unter den Voraussetzungen des § 630h Abs. 3 BGB/PatRG zu Beweiserleichterungen zugunsten des Patienten. Hat allerdings der Arzt etwa im Rahmen einer Teamarbeit das Team oder einen nachfolgenden Behandler über Ergebnisse seiner Tätigkeit zu informieren bzw. diese zu dokumentieren, unterlässt er die Information und kommt es dadurch zu einem Behandlungsfehler (den das Team nicht zu verantworten hat), so ist diese Verletzung der Dokumentationspflicht als Behandlungsfehler des Informationspflichtigen anzusehen. Insofern gibt es Situationen, in denen eine Verletzung einer Informations- und/oder Dokumentationspflicht einen Schadensersatzanspruch des Patienten auslösen kann.[87]

Der Patient hat ein Recht auf Einsicht in die ihn betreffende Dokumentation. Der diesbezügliche § 630g Abs. 1 und 2 BGB/PatRG lautet:

„(1) Dem Patienten ist auf Verlangen unverzüglich Einsicht in die vollständige, ihn betreffende Patientenakte zu gewähren, soweit der Einsichtnahme nicht erhebliche therapeutische Gründe oder sonstige erhebliche Rechte Dritter entgegenstehen. Die Ablehnung der Einsichtnahme ist zu begründen. § 811 ist entsprechend anzuwenden.

(2) Der Patient kann auch elektronische Abschriften von der Patientenakte verlangen. Er hat dem Behandelnden die entstandenen Kosten zu erstatten."

83 BGHZ 72, 132, 138.

84 BGH NJW 1983, 332.

85 BGH NJW 1983, 333, 334 f.

86 Pauge/Offenloch, Arzthaftungsrecht, Rn. 507.

87 Systematisch handelt es sich um einen Behandlungsfehler; vgl. BGH NJW 1980, 1905 – Verletzung der im Team übernommenen Patientenaufklärung; siehe auch Pauge/Offenloch, Arzthaftungsrecht, Rn. 511–513.

Das Einsichtsrecht in § 630g Abs. 1 S. 1 BGB/PatRG bezieht sich nunmehr auf die „vollständige" Dokumentation; damit sind die frühere Unterscheidung zwischen subjektiven und objektiven Äußerungen in der Dokumentation und der Beschränkung der Einsicht auf Letztere ausdrücklich aufgegeben. Die Einschränkungen des Einsichtsrechts (erhebliche therapeutische Gegengründe oder erhebliche Rechte Dritter) sind restriktiv zu interpretieren. Dies entspricht der ebenfalls restriktiven Interpretation des § 630c Abs. 4 und des § 630e Abs. 3 BGB/PatRG, was aber hier nochmals verdeutlicht wird. Es sei darauf hingewiesen, dass Rechte Dritter nicht etwa Rechte des behandelnden Arztes sind; es geht nur um Dritte außerhalb der Arzt/Patient-Beziehung. Die Begründungspflicht bei einer Ablehnung soll die Hürden für eine Ablehnung der Einsichtnahme erhöhen und zur Durchsetzung des Einsichtsrechts beitragen.[88]

Beweislastregelungen

Die formellen Beweislastregelungen entscheiden häufig über den materiellen Anspruch auf Schadensersatz. Die Annahme ist empirisch gut begründet, nämlich dass die Anspruchsdurchsetzung für Patienten eher und besonders am Kausalitäts-, aber auch am Behandlungsfehlernachweis scheitert. Ersteres wird durch den Parallellauf zweier Kausalitätsketten ausgelöst: Behandlungskausalität und Krankheitskausalität können jede für sich Gesundheitsverletzungen bzw. unerwünschte Ereignisse verursachen und selten ist es einfach, beide voneinander zu trennen.[89] Deshalb trägt der Patient gegenwärtig sowohl das *Risiko des non liquet* (Unbeweisbarkeit) *des Fehlers wie der Kausalität*, wobei durch die ständige Rechtsprechung eine gewisse Korrektur dieser *„Waffenungleichheit"* z. B. durch das Institut des „groben Behandlungsfehlers"

[88] Insgesamt BeckOK BGB/Katzenmeier, 41. Ed. 1.11.2016, BGB § 630g Rn. 3 ff; Rn. 10 zur Ablehnungsbegründung enger.

[89] Siehe zu dieser Unterscheidung Hart/Francke, Der Modellversuch eines Patientenentschädigungs- und -härtefallfonds (PatEHF) für Schäden durch medizinische Behandlungen: Einordnung, Zwecke, Verfahren, Organisation, Finanzierung, Gesetzesvorschlag, www.hamburg.de/pressearchiv-fhh/4095956/2013-08-28-bgv-haertefallfonds, S. 8 ff.

vorgenommen wird. § 630h Abs. 1–5 BGB/PatRG stellt die der bisherigen Rechtsprechung folgenden Beweislastregeln zusammen; er lautet:

„(1) Ein Fehler des Behandelnden wird vermutet, wenn sich ein allgemeines Behandlungsrisiko verwirklicht hat, das für den Behandelnden voll beherrschbar war und das zur Verletzung des Lebens, des Körpers oder der Gesundheit des Patienten geführt hat.

(2) Der Behandelnde hat zu beweisen, dass er eine Einwilligung gemäß § 630d eingeholt und entsprechend den Anforderungen des § 630e aufgeklärt hat. Genügt die Aufklärung nicht den Anforderungen des § 630e, kann der Behandelnde sich darauf berufen, dass der Patient auch im Fall einer ordnungsgemäßen Aufklärung in die Maßnahme eingewilligt hätte.

(3) Hat der Behandelnde eine medizinisch gebotene wesentliche Maßnahme und ihr Ergebnis entgegen § 630f Absatz 1 oder Absatz 2 nicht in der Patientenakte aufgezeichnet oder hat er die Patientenakte entgegen § 630f Absatz 3 nicht aufbewahrt, wird vermutet, dass er diese Maßnahme nicht getroffen hat.

(4) War ein Behandelnder für die von ihm vorgenommene Behandlung nicht befähigt, wird vermutet, dass die mangelnde Befähigung für den Eintritt der Verletzung des Lebens, des Körpers oder der Gesundheit ursächlich war.

(5) Liegt ein grober Behandlungsfehler vor und ist dieser grundsätzlich geeignet, eine Verletzung des Lebens, des Körpers oder der Gesundheit der tatsächlich eingetretenen Art herbeizuführen, wird vermutet, dass der Behandlungsfehler für diese Verletzung ursächlich war. Dies gilt auch dann, wenn es der Behandelnde unterlassen hat, einen medizinisch gebotenen Befund rechtzeitig zu erheben oder zu sichern, soweit der Befund mit hinreichender Wahrscheinlichkeit ein Ergebnis erbracht hätte, das Anlass zu weiteren Maßnahmen gegeben hätte, und wenn das Unterlassen solcher Maßnahmen grob fehlerhaft gewesen wäre."

Zu unterscheiden sind in dieser Regelung eine *Fehlervermutung* (§ 630h Abs. 1 BGB/PatRG) und die *Kausalitätsvermutungen* (§ 630h Abs. 4 und 5 BGB/PatRG) sowie die *Beweisbelastung des Behandelnden* für die Selbstbestimmungsaufklärung und die darauf gründende Einwilligung des Patienten (§ 630h Abs. 2 BGB/PatRG) und die *Nicht-Geschehensvermutung* bezüglich der mangelhaften *Dokumentation* (§ 630h Abs. 3 BGB/PatRG). Ich behandle hier knapp nur die ersten beiden.[90]

Fehlervermutung

Die Fehlervermutung des § 630h Abs. 1 BGB/PatRG betrifft die sog. voll beherrschbaren Risiken. Zu den voll *beherrschbaren Risiken* werden folgende Bereiche („allgemeine Behandlungsrisiken") gezählt: die Anwendung medizinisch-technischen Geräts, die Gewährleistung von Hygiene, die Verkehrssicherung, die Koordinierung von Behandelnden und Behandlungsprozessen. Stammt ein Risiko aus einem solchen voll beherrschbaren Bereich – das hat der Patient zu beweisen, ebenso die Verletzung –, so wird die Fehlerhaftigkeit der Behandlung (= Pflichtverletzung; widerlegbar) vermutet. Der Behandelnde kann nunmehr seinerseits den Nachweis führen, alles Erforderliche getan zu haben, um die Realisierung dieses Risikos zu vermeiden. Der Sache nach geht es insbesondere um organisationshaftungsrechtliche Ansprüche, also um Schadensersatzansprüche, die aus der *fehlerhaften Organisation von Behandlungsprozessen* herrühren.[91]

Insofern ist (auch) die Qualität des klinischen Risikomanagements Thema dieser Fehlervermutung. *Klinisches Risikomanagement* ist eine Methode der vorsorgenden Risikoverminderung oder/und Risikovermeidung.[92] Es hat zum Ziel, die wünschenswerte Sicherheit medizinischer Behandlungen, Behandlungs- und Versorgungsprozesse indivi-

---

90 Umfassende Übersicht bei BeckOK BGB/Katzenmeier, 41. Ed. 1.11.2016, BGB § 630h Rn. 17 ff.

91 Auch dazu BeckOK BGB/Katzenmeier, 41. Ed. 1.11.2016, BGB § 630h Rn. 17–27.

92 Überblick bei Hart, Patientensicherheit, Risikomanagement, Arzneimittelbehandlung und Arzthaftungsrecht, MedR 7/2007, 383, 385 ff.; ders., Patientensicherheit, Fehlermanagement, Arzthaftungsrecht – zugleich ein Beitrag zur rechtlichen Bedeutung von Empfehlungen, MedR 2012, 1 ff., bes. 4 ff.

duell und systemisch zu gewährleisten und entsprechende Verfahren ihrer Implementation zu institutionalisieren. Risikomanagement zielt auf die Steigerung von Patientensicherheit auch durch *gute Organisation*.[93] Die Fehlervermutung des § 630h Abs. 1 BGB/PatRG ist eine mittelbare Unterstützung eines guten klinischen Risikomanagements.

Kausalitätsvermutung

Die *Kausalitätsvermutung des § 630h Abs. 4 BGB/PatRG* betrifft die *mangelnde Befähigung* des Behandelnden zur Durchführung der medizinischen Behandlung. Kann der Patient eine solche mangelnde Befähigung nachweisen, dann wird die (haftungsbegründende) Kausalität der Behandlung für den Eintritt der Verletzung des Lebens, des Körpers oder der Gesundheit vermutet. Im RefE lautete die Formulierung noch „nicht geeignet oder befähigt". Der *Befähigungsmangel* betraf die Sachverhalte des (individuellen) Übernahmeverschuldens: Der Behandelnde ist zur Durchführung der medizinischen Behandlung nicht befähigt und muss sie deshalb unterlassen oder durch einen Befähigten begleitet werden. Das sind etwa die Fälle der Anfängeroperation oder die Übernahme einer Behandlung durch einen im Fachgebiet nicht Ausgewiesenen (z. B. Internist übernimmt urologischen Eingriff). Mit *„nicht geeignet"* war eine Anknüpfung für die Organisationshaftung bzw. ein „organisatorisches Übernahmeverschulden" (*Organisationsmangel*) formuliert: Wer nicht über die notwendige Ausstattung für die Durchführung der Behandlung verfügt oder dessen Organisation des Behandlungsprozesses ungeeignet ist, diese Behandlung gefahrlos (Patientensicherheit) durchzuführen, ist ebenfalls dieser Vermutung der haftungsbegründenden Kausalität ausgesetzt. Der durch den RegE veränderte Wortlaut sollte den Sinn und Zweck der Regelung nicht verändern, weshalb die Änderung auch in der Gesetzesbegründung nicht weiter erwähnt wird.[94]

[93] Siehe zum Zusammenhang von Risikomanagement und Versicherung Petry, Entwicklung der Schadensaufwendungen im Heilwesenrisiko, MedR 2009, 93–105.

[94] BeckOK BGB/Katzenmeier, 41. Ed. 1.11.2016, BGB § 630h Rn. 49-51; Katzenmeier, in: Laufs/Katzenmeier/Lipp, Arztrecht, S. 463 f.

§ 630h Abs. 5 BGB/PatRG betrifft die Beweislastumkehr für die haftungsbegründende Kausalität beim *groben Behandlungsfehler.* Der „grobe Behandlungsfehler" ist ein Instrument der Herstellung von „Waffengleichheit" im Arzthaftungsprozess. Seine Zwecke zu bestimmen und seine Konturen zu ziehen, ist seit jeher Gegenstand einer verbissenen wissenschaftlichen Diskussion (Verhaltenssanktion; Billigkeit; Aufklärungserschwernis; Risikobereichsüberlegungen; Beweisvereitelung) und noch immer unsicher.[95] Die Rechtsprechung beteiligt sich an diesem Diskurs nicht, sondern geht in ständiger Übung von folgender Formel aus: Ein Behandlungsfehler ist dann als grob zu beurteilen, „wenn der Arzt eindeutig gegen bewährte elementare Behandlungsregeln oder gesicherte grundlegende medizinische Erkenntnisse verstoßen und einen Fehler begangen hat, der aus objektiver Sicht nicht mehr verständlich erscheint, weil er einem Arzt schlechterdings nicht unterlaufen darf."[96] Das PatRG übernimmt die Position der Rechtsprechung, ändert also an der gegenwärtigen Rechtslage nichts.[97] Dasselbe gilt für den *Befunderhebungsfehler,* der wegen Unterlassung einer bei erhobenem Befund erforderlichen Reaktion zum groben Behandlungsfehler geführt hätte, wobei allerdings das Problem der Abgrenzung zwischen dem beweisrechtlich relevanten Befunderhebungsfehler und dem Diagnosefehler nicht überzeugend gelöst ist.[98] Weitergehende Vorschläge, etwa eine Beweislastumkehr bei einem einfachen Behandlungsfehler vorzusehen, werden nicht berücksichtigt.[99]

---

95 Katzenmeier, in: Laufs/Katzenmeier/Lipp, Arztrecht, S. 436 ff.; NK-BGB/Katzenmeier, 3. Aufl. 2016, § 823 Rn. 425 ff., bes. 437.

96 Z. B. BGHZ 159, 48, 53; 172, 1 Rn. 25.

97 Ausführliche Darstellung der Rechtsprechung Pauge/Offenloch, Arzthaftungsrecht, Rn. 593 ff.

98 Auch dazu Pauge/Offenloch, Arzthaftungsrecht, Rn. 612 ff; Katzenmeier, in: Laufs/Katzenmeier/Lipp, Arztrecht, S. 454 ff; sehr kritisch Spickhoff, Die Entwicklung des Arztrechts 2015/2016, NJW 2016, 1633, 1636 f.

99 Jüngst hat der Patientenbeauftragte der Bundesregierung eine Umstellung der Haftung bei Behandlungsfehlern auf das Beweismaß der „überwiegenden Wahrscheinlichkeit" angeregt, www.patientenbeauftragter.de/presse/183-gerechtigkeit-bei-behandlungsfehlern-muss-beim-beweismass-ansetzen.

11.2.2.2 Fehlervermeidungskultur

Diesem Thema sind im Wesentlichen zwei Regelungen gewidmet:

- Die Einrichtung eines *Beschwerdemanagements* in Krankenhäusern gemäß § 135a Abs. 2 Nr. 2 SGB V/ PatRG und
- der Auftrag an den Gemeinsamen Bundesausschuss in § 137 Abs. 1c SGB V/ PatRG (später § 137 Abs. 1d, heute § 136a Abs. 3 SGB V), *wesentliche Maßnahmen* zur *Verbesserung der Patientensicherheit* einzuführen und insbesondere *Mindeststandards* für *Risikomanagement- und Fehlermeldesysteme* festzulegen und außerdem die *Anforderungen an einrichtungsübergreifende Fehlermeldesysteme* zu bestimmen, die im Falle der Beteiligung von Krankenhäusern zur Vereinbarung von Vergütungszuschlägen gemäß § 17b Abs. 1 S. 5 KHG führen können.
- Die Regelung zum Risikomanagement wird ergänzt durch § 135a Abs. 3 SGB V/PatRG, der einen *Schutz der Daten* aus Risikomanagement- und Fehlerberichtssystemen vorsieht.

Das *Beschwerdemanagement* soll gewährleisten, „dass die Sichtweise und die Erfahrungen der Patientinnen und Patienten in das Risiko- und Fehlermanagement des Krankenhauses einfließen können". Eine erweiternde Bedeutung des Begriffes wäre angebracht, wenn man nämlich auch das Verhalten nach einem Zwischenfall im Krankenhaus in das Beschwerdemanagement einbezöge und die Broschüre des APS „Reden ist Gold" inhaltlich zum Verhaltensmaßstab machte.[100]

Alle Regelungen zielen auf die Verbesserung der *Patientensicherheit*. Patientensicherheit ist definiert durch die Abwesenheit von unerwünschten Ereignissen in medizinischen Behandlungsprozessen. *Unerwünschte Ereignisse* sind in der medizinischen Diskussion und in der patientensicherheitsbezogenen Versorgungsforschung schädliche Vorkommnisse, die eher auf der Behandlung denn auf der Erkrankung beruhen. Sie kön-

[100] Reden ist Gold – Kommunikation nach einem Zwischenfall; http://www.aktionsbuendnis-patientensicherheit.de/apsside/APS_Reden%20ist%20Gold_2012-1.pdf; 2. Aufl. 2017 http://www.aps-ev.de/wp-content/uploads/2016/08/APS_Reden_ist_Gold_2017.

nen vermeidbar oder unvermeidbar sein. *Patientensicherheitsmanagement* zielt auf die Vermeidung bzw. Verminderung unerwünschter Ereignisse durch gute *Behandlung*, gute *Kommunikation* in und gute *Organisation* von Behandlungsprozessen. Zur guten Organisation von Behandlungsprozessen gehört ein funktionierendes *Risiko- bzw. Fehlermanagement*.[101] Auf dessen Anforderungen und Standards zielt das PatRG in seiner zweiten Regelung.

Die *zweite Regelung* in § 137 Abs. 1c SGB V/PatRG erwähnt erstmals im Gesetzestext die Zielsetzung, Patientensicherheit zu verbessern, überlässt es aber dem G-BA, den „Regelungsinhalt" zu bestimmen, ist also eine Befugnisnorm, deren es nicht bedurft hätte, weil § 137 Abs. 1 SGB V m. E. diese Befugnis bereits enthält. Es handelt sich der Sache nach um eine interpretatorische Präzisierung. Neu ist die Fristsetzung für die Aufgabe des G-BA „zwölf Monate nach Inkrafttreten". Ebenfalls neu sind die finanziellen Anreize für Krankenhäuser, wenn sie sich an einrichtungsübergreifenden Berichtssystemen beteiligen, die den Anforderungen des G-BA entsprechen. Die Regelung steht damit in der selbstregulatorischen Gesetzgebungstradition im Bereich der Sicherung der Qualität der Leistungserbringung.[102]

§ 135a Abs. 3 SGB V/PatRG ist erst spät in das Gesetz aufgenommen worden (Beschlussempfehlung des BT-Ausschusses Gesundheit v. 28.11.2012):

„(3) Meldungen und Daten aus einrichtungsinternen und einrichtungsübergreifenden Risikomanagement- und Fehlermeldesystemen nach Absatz 2 in Verbindung mit § 137 Absatz 1d dürfen im Rechtsverkehr nicht zum Nachteil des Meldenden verwendet werden. Dies gilt nicht, soweit die Verwendung zur Verfolgung einer Straftat, die im Höchstmaß mit mehr als fünf Jahren Freiheitsstrafe bedroht ist und auch im

[101] Hart, Patientensicherheit, Fehlermanagement, Arzthaftungsrecht – zugleich ein Beitrag zur rechtlichen Bedeutung von Empfehlungen, MedR 2012, 1 ff.

[102] Hart, Ein Patientenrechtegesetz ohne Eigenschaften – Über den Mangel an legislativer Eigenständigkeit, GesR 2012, 385, 387 f.

Einzelfall besonders schwer wiegt, erforderlich ist und die Erforschung des Sachverhalts oder die Ermittlung des Aufenthaltsorts des Beschuldigten auf andere Weise aussichtslos oder wesentlich erschwert wäre."

Diese Regelung soll die Akzeptanz und Durchführungswahrscheinlichkeit von Risikomanagement- und Fehlermeldesystemen steigern. Das strafrechtliche Verwertungsverbot wird bestehende mentale Vorbehalte gegen diese Systeme im Bereich der Pflege wie Ärzteschaft – insbesondere gegen Critical Incident Reporting Systems – mit großer Wahrscheinlichkeit abbauen und zu ihrer weiteren Durchsetzung und damit zur Verbesserung der allgemeinen Patientensicherheit beitragen.

11.2.3 Bewertung

11.2.3.1 Bewertung des Gesetzes (2013)

Das PatRG ist in seiner gegenwärtigen Form in seinem *bürgerlichrechtlichen Regelungsbereich* ein Status-quo-Gesetz. Es ist *neuerungsscheu*, im Bereich des Behandlungsvertrages reines Rechtsprechungsgesetz, im Bereich der Regelungen zur *Fehlervermeidung* ein *partieller Fortschritt*, wenn es auch die Gestaltungschancen, die ein PatRG gewährt hätte, kaum ausnutzt. Trotzdem: Es könnte sein, dass das Gesetz für *mehr Rechtsbefolgung* sorgt und beispielsweise im Bereich der Patientenaufklärung zu einem gewissen Ausgleich des bestehenden *Vollzugsdefizits* führt.

Es ist in seinem ersten Teil eine Kodifizierung des *Behandlungsvertrages* und Rechtsprechungsgesetz, gibt also im Wesentlichen die Rechtsprechung zum Behandlungsvertrag und zur vertraglichen Haftung in ihren Grundsätzen wieder, ohne darüber hinausgehende, den gegenwärtigen Rechtszustand in die eine oder andere Richtung verändernde Regelungen vorzusehen. Eine Auseinandersetzung mit von der Rechtsprechung abweichenden Positionen in der Medizinrechtswissenschaft findet nicht statt. Fast ist man geneigt, vom institutionalisierten Abbruch der Kommunikation mit der zivilistischen Medizinrechtswissenschaft zu sprechen. Das Risiko der Verengung des Interpretationsspielraums für Fortentwicklungen in Struktur und Detail durch die Rechtsprechung ist deshalb im Behandlungsvertragsrecht nicht von der Hand zu weisen.[103]

Im Bereich der *fehlervermeidungsbezogenen Regelungen (sozialrechtlicher Regelungsbereich)* fällt das Urteil weniger kritisch aus. Ob sich auf der Basis der neuen Regelungen Fortschritte im Bereich der Patientensicherheit entwickeln werden, ist nicht ausgeschlossen, das bleibt abzuwarten. Positive Akzente könnte der G-BA in seiner zukünftigen Praxis der Qualitätssicherung setzen.

Das PatRG wird in dieser Form vermutlich zunächst einen *Entwicklungsstillstand* sowohl im Bereich individueller wie auch kollektiver Patientenrechte bewirken. Der Gesetzgeber vergibt eine Gestaltungschance im zivilen Medizin- und öffentlichen Gesundheitsrecht. Allerdings könnte das Gesetz auch zu einem *Ausgangspunkt* und zur Basis *fortschreitender Entwicklungen* der Patientenrechte werden. Wünschenswerte Klarstellungen und Fortentwicklungen kämen in folgenden Bereichen in Betracht:

- Dignität,
- Schutz vulnerabler Personengruppen (Kinder, Alte),
- Organisationshaftung,
- Entschädigungs-/Härtefallfonds,
- Patientensicherheit (im privaten und öffentlichen Recht) und ihre Finanzierung und
- Patienten-/Versichertenbeteiligung an Entscheidungen der Gesundheitsversorgung.

11.2.3.2 Bewertung der bisherigen Praxis des Gesetzes (2018)

Bewertung des bürgerlich-rechtlichen Regelungsbereichs

Über die Wirkungen der *bürgerlich-rechtlichen Seite des PatRG* (Behandlungsvertrag) gibt es zwei empirische Untersuchungen: Alb-

[103] In diese Richtung auch Katzenmeier, Arzthaftpflicht in der Krise, MedR 2011, 201, 205.

recht et al., Studie zu den Wirkungen des Patientenrechtegesetzes[104] und Hart et al., Wie nimmt die Ärzteschaft Patientenrechte und das Patientenrechtegesetz wahr? Ergebnisse einer Ärztebefragung des Gesundheitsmonitors[105]. Prägnant zusammengefasst hatten 60 bzw. 32% der Patienten bzw. Ärzte keine spezifischen Kenntnisse des PatRG, aber Patienten suchen auch überwiegend nicht gezielt nach solchen Informationen, sind aber überwiegend mit ihren Behandlungen zufrieden, beklagen allerdings unzureichende Information und Aufklärung durch die Ärzteschaft (z. B. Behandlungsalternativen) und auch der Kassen über deren Berichts- und Unterstützungspflichten, etwa bei möglichen Behandlungsfehlern. Umgekehrt sind Patienten eher vorsichtig in der Wahrnehmung ihrer Rechte, weil sie unerwünschte Wirkungen befürchten. Die Kenntnis der Ärzte von Patientenrechten, nicht des PatRG, ist dagegen eher gut. Das PatRG wird von ihnen eher als zusätzliche Belastung bewertet, eine Steigerung der Rechtssicherheit und Transparenz wird für Ärzte eher nicht erreicht und eine Einengung der Therapiefreiheit wird mehrheitlich befürchtet. Knapp kann man die verschiedenen Bewertungen des Gesetzes durch die unterschiedlichen Befragungsgruppen so zusammenfassen: wichtig, doch kaum relevant. Die Ziele des Gesetzgebers, Rechtssicherheit, Transparenz und Rechtsdurchsetzung zu bewirken, oder die Erwartung, durch eine höhere Geltungsseriosität zur Rechtsdurchsetzung beizutragen, sind nach diesen Untersuchungen jedenfalls nach 3 Jahren PatRG noch nicht erreicht worden. Ein „Modernisierungsschub" wurde weder angestrebt noch ist er durch das Gesetz zu erwarten;

---

104 Albrecht/Loos/Möllenkamp, IGES in Zusammenarbeit mit Igl, Studie zu den Wirkungen des Patientenrechtegesetzes, November 2016, Studienbericht für das Bundesministerium für Gesundheit, vertreten durch den Patientenbeauftragten der Bundesregierung, www.patientenbeauftragter.de/images/veranstaltungen/2016/patientenrechtegesetz/20161109_IGES_Publikation_Patientenrechtegesetz_2016.pdf.

105 Hart/Brechtel/Buitkamp, Wie nimmt die Ärzteschaft Patientenrechte und das Patientenrechtegesetz wahr? Ergebnisse einer Ärztebefragung des Gesundheitsmonitors, gesundheitsmonitor newsletter 2/15; dies., in: Böcken/Braun/Meierjürgen (Hrsg.), Gesundheitsmonitor 2015 Bürgerorientierung im Gesundheitswesen, Kooperationsprojekt der Bertelsmann Stiftung und der BARMER GEK, S. 12–36.

das Status-quo-Gesetz bewirkt eher seine Aufrechterhaltung als einen neuen Aufbruch.

Interessant ist die Wahrnehmung des PatRG durch die höchstrichterliche Rechtsprechung. Pauge/Offenloch[106] schreiben aus der Sicht des BGH:[107]

> *„Dabei werden – wie bei jeder Berufshaftung – vertraglich und deliktisch Befugnisse und Verantwortung der Behandlungsseite entscheidend durch die in Anspruch genommene Expertenautorität bestimmt. … Die beanspruchte Expertenstellung legt nach Inhalt und Umfang vertraglich wie deliktsrechtlich die Haftungsverantwortung fest.*
>
> *Für die Krankenbehandlung einschließlich der Vor- und Nachsorge ist vertraglicher und deliktischer Schutz prinzipiell identisch. … Daran hat sich durch das am 26.2.2013 in Kraft getretene Patientenrechtegesetz (PatRG) nichts geändert.*
>
> *Behandlung ist hier ganz der gesundheitlichen Integrität des Patienten verbunden, deren Schutz von Hause aus Deliktsmaterie ist. Nicht- oder Schlechterfüllung des vertraglichen Heilauftrags verletzt Deliktspflichten ebenso; vertragliche Begleitpflichten des Arztes, wie die der Patientenaufklärung und die Schweigepflicht Persönlichkeitsrechte des Patienten sichern sollen, übernimmt der deliktische Persönlichkeitsschutz gleichermaßen. Die Sorgfaltsanforderungen sind gleichermaßen am medizinischen Maßstab ärztlicher Qualität ausgerichtet. …"*

In der Konsequenz ist das Status-quo-Gesetz obsolet und im Falle eines höchstrichterlich empfundenen Änderungsbedarfs im Bereich der Patientenrechte ist das Deliktsrecht Sitz der Rechtsfortbildung. Das PatRG ist der Sache nach ohne Relevanz für die Rechtsprechung zur Arzthaftung und die Rechtsprechung bleibt das Zentrum der Fortbildung des zivilen (Haftungs-)Rechts der Patienten.

---

[106] Pauge/Offenloch, Arzthaftungsrecht – Neue Entwicklungslinien der BGH-Rechtsprechung, 14. Aufl. 2018.

[107] Pauge/Offenloch, Arzthaftungsrecht, Rn. 2–5.

Bewertung des sozialrechtlichen Regelungsbereichs

Dagegen hat die *sozialrechtliche Seite des PatRG* (Patientensicherheit, Beschwerdemanagement, Risikomanagement, Fehlermeldesysteme) relevante positive Wirkungen ausgelöst. Der Gemeinsame Bundesausschuss (G-BA) ist in seiner *Qualitätsmanagement-Richtlinie* (QM-RL) vom 17. Dezember 2015[108] seiner Konkretisierungspflicht aus § 137 Abs. 1c SGB V/PatRG nachgekommen. Die Präambel der QM-RL hat folgenden Wortlaut:

> *„Einrichtungsinternes Qualitätsmanagement dient der kontinuierlichen Sicherung und Verbesserung der Patientenversorgung sowie der Organisationsentwicklung. Mit dem primären Ziel einer größtmöglichen Patientensicherheit sollen neben einer bewussten Patientenorientierung auch die Perspektiven der an der Gesundheitsversorgung beteiligten Akteure berücksichtigt werden.*
>
> *Die Richtlinie beschreibt die grundsätzlichen Anforderungen für eine erfolgreiche Einführung und Umsetzung von Qualitätsmanagement. Dabei hat der Aufwand in einem angemessenen Verhältnis insbesondere zur personellen und strukturellen Ausstattung zu stehen. Die konkrete Ausgestaltung des einrichtungsinternen Qualitätsmanagements erfolgt spezifisch in jeder Einrichtung.*
>
> *Teil A dieser Richtlinie enthält die Rahmenbestimmungen, die gemeinsam für alle Sektoren gelten. Teil B dieser Richtlinie enthält in den sektorspezifischen Abschnitten für den jeweiligen Sektor maßgebliche Konkretisierungen der Rahmenbestimmungen."*

Qualitätsmanagement ist eine Führungsaufgabe und ein fortlaufender Prozess, der sich an folgenden Grundelementen zu orientieren hat:

[108] Richtlinie über grundsätzliche Anforderungen an ein einrichtungsinternes Qualitätsmanagement für Vertragsärztinnen und Vertragsärzte, Vertragspsychotherapeutinnen und Vertragspsychotherapeuten, medizinische Versorgungszentren, Vertragszahnärztinnen und Vertragszahnärzte sowie zugelassene Krankenhäuser (Qualitätsmanagement-Richtlinie/QM-RL), BAnz AT 15.11.2016 B2, 1-8; Teil A der Richtlinie enthält die Sektorenübergreifenden Rahmenbestimmungen für die grundsätzlichen Anforderungen an ein einrichtungsinternes Qualitätsmanagement, Teil B die Sektorspezifischen Konkretisierungen der Rahmenbestimmungen des einrichtungsinternen Qualitätsmanagements.

- Patientenorientierung einschließlich Patientensicherheit,
- Mitarbeiterorientierung einschließlich Mitarbeitersicherheit,
- Prozessorientierung,
- Kommunikation und Kooperation,
- Informationssicherheit und Datenschutz,
- Verantwortung und Führung.

In Teil B § 1 QM-RL werden wichtige Instrumente des klinischen Risikomanagements im Krankenhaus aufgezählt:

> *„Als Instrumente des klinischen Risikomanagements im Krankenhaus sind z. B. Fehlermeldesysteme, Risiko-Audits, Morbiditäts- und Mortalitäts-Konferenzen oder Fallanalysen zu nennen. Die Schaffung entsprechender hygiene- und infektionsmedizinisch assoziierter Strukturen und Prozesse im Krankenhaus ist Voraussetzung für die Gewährleistung der Patientensicherheit. Zur sachgerechten Umsetzung sind eine konsequent eingehaltene (Basis-)Hygiene, eine aussagekräftige Surveillance und der gezielte und kontrollierte Umgang mit Antibiotika durch entsprechend qualifizierte Mitarbeiterinnen und Mitarbeiter notwendig.*

Der G-BA knüpft insofern an verschiedene Projekte und Instrumente an, die zu einem wichtigen Teil durch das Aktionsbündnis Patientensicherheit angestoßen worden sind.

Die Anforderungen an *einrichtungsübergreifende Fehlermeldesysteme* nach § 136a Abs. 3 S. 3 SGB V hat der G-BA am 17. März 2016 beschlossen.[109] Definiert sind solche Systeme als „eine Berichts- und Lernplattform für sicherheitsrelevante Ereignisse und Risiken im Gesundheitswesen, an dem mehrere Einrichtungen teilnehmen" (§ 1 Abs. 1 S. 1 RL), wobei diese Systeme „in besonderem Maße geeignet erscheinen, Risiken und Fehlerquellen in der stationären Versorgung zu erkennen, auszuwerten und zur Vermeidung unerwünschter Ereignisse beizutragen. Diese Anforderungen bilden die Grundlage für die Vereinbarung von Zuschlägen i.S.v. § 17b Absatz 1a Nummer 4 Krankenhausfinanzierungsgesetz (KHG)." Wieweit diese Möglichkeit genutzt wird, ist dem Verf. nicht bekannt.

[109] BAnz AT 04.07.2016 B3.

11.2.3.3 Neue Initiativen

Die Diskussion um Ergänzungen des PatRG ist insbesondere an einem Gegenstand, der auch schon 2012 im Gesundheitsausschuss zur Diskussion stand, nicht verstummt: die Errichtung eines Patientenentschädigungs- und Härtefallfonds.[110] Die Länder Bayern und Hamburg haben jüngst eine gemeinsame Bundesratsinitiative zur Errichtung eines solchen Fonds angekündigt.[111] Darüber hinaus hat der Patientenbeauftragte der Bundesregierung angekündigt, eine Initiative zur Erleichterung des Nachweises der haftungsbegründenden Kausalität im Arzthaftungsrecht „Umstellung auf überwiegende Wahrscheinlichkeit" zu ergreifen.[112] Die 91. Gesundheitsministerkonferenz (2018) hat am 20./21. Juni 2018 unter dem Tagesordnungspunkt 4.1 „Patientenorientierung als Element einer zukunftsweisenden Gesundheitspolitik" einstimmig folgenden Beschluss gefasst:[113]

> *„Die GMK bittet die Bundesregierung, sowohl Vorschläge für einen Patientenentschädigungsfonds für Schäden in Härtefällen, bei denen die bestehenden Haftungsregelungen nicht greifen, als auch weitere Erleichterungen zur Beweislast und zum Beweismaß zu prüfen. Ebenso ist zu prüfen, ob konkretere Vorgaben zur Verpflichtung der gesetzlichen Krankenkassen in § 66 SGB V zu verankern sind, die Patientinnen und Patienten beim Nachweis eines Behandlungsfehlers unterstützen. Die GMK bittet die Justizministerkonferenz, weitere Erleichterungen zur Beweislast und zum Beweismaß zu prüfen."*

Auch neue Initiativen verfügen manchmal über eine gewisse Tradition und haben eine Geschichte.

---

110 Dazu Hart/Francke, Der Modellversuch eines Patientenentschädigungs- und -härtefallfonds (PatEHF) für Schäden durch medizinische Behandlungen: Einordnung, Zwecke, Verfahren, Organisation, Finanzierung, Gesetzesvorschlag, www.hamburg.de/pressearchiv-fhh/4095956/2013-08-28-bgv-haertefallfonds; Katzenmeier, Patientenentschädigungsfonds – rechtspolitische Forderungen und rechtsdogmatische Erwägungen, VersR 2014, 405-412.

111 8.11.2016 – Behandlungsfehler: Bayern und Hamburg wollen bundesweiten Fonds, www.aerzteblatt.de/nachrichten/71328.

112 www.patientenbeauftragter.de/presse/183-gerechtigkeit-bei-behandlungsfehlern-muss-beim-beweismass-ansetzen.

113 www.gmkonline.de/Beschluesse.html?id=698&jahr=.

12 Das Behandlungsfehlerregister der MDK-Gemeinschaft

INGEBORG SINGER

12.1 Zielsetzung

Vergleichbar mit der Bundesärztekammer erfasst und veröffentlicht die MDK-Gemeinschaft seit einigen Jahren wesentliche Inhalte und Zahlen aus ihrer Behandlungsfehlerbegutachtung (im Detail nachzulesen unter www.mdk-bayern.de).

Es besteht Konsens darüber, dass diese gelebte Transparenz Analysezwecken und damit letztendlich der Patientensicherheit dienen soll. Seitdem der medizinische Behandlungsfehler in Therapeutenkreisen kein Tabu mehr ist, entwickelt er sich immer mehr zu einem Ausgangspunkt für die Entwicklung von Verbesserungsmaßnahmen. Diese können sich gleichermaßen auf organisatorische wie medizinische oder pflegerische Prozesse beziehen.

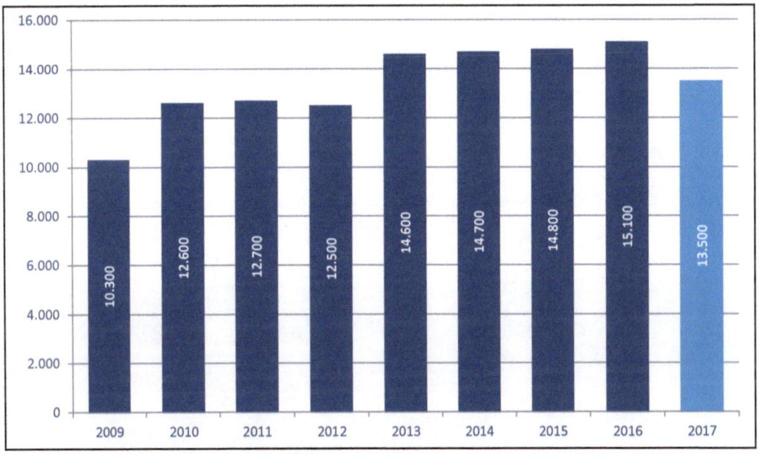

Abbildung 8: Anzahl der pro Jahr von der MDK-Gemeinschaft begutachteten Behandlungsfehlervorwürfe

Abbildung 8 stellt die Anzahl der durch die MDK-Gemeinschaft begutachteten Fälle von Behandlungsfehlervorwürfen im Verlauf der Jahre seit 2007 dar.

Auffallend ist der sprunghafte Anstieg der Inanspruchnahme unserer Gutachter im Jahre 2013, der sich mit der Medienpräsenz des Themas Behandlungsfehler durch Verabschiedung des Patientenrechtegesetzes erklären lässt. Wir gehen davon aus, dass der Jahreswert 2017 in etwa auch den Begutachtungsbedarf der kommenden Jahre repräsentiert.

12.2 Auszüge aus der Jahresstatistik 2017

Im Folgenden werden exemplarisch die Begutachtungsergebnisse des Jahres 2017 vorgestellt, die auf die Zahlen bezogen eine beeindruckende Konstanz im Vergleich mit den Vorjahren fortsetzen.

Kernstück jeder Begutachtung eines vorgeworfenen Behandlungsfehlers sind die drei Fragen, die die Abbildungen 9 und 10 für das Jahr 2017 auswerten.

Der Schadenskausalität kommt deshalb eine große Bedeutung für den Betroffenen zu, da sie darüber entscheidet, ob ein Schadenersatz überhaupt möglich ist. Unter Aspekten der Erhöhung von Patientensicher-

Abbildung 9: Die Kernfragen der Behandlungsfehlerbegutachtung

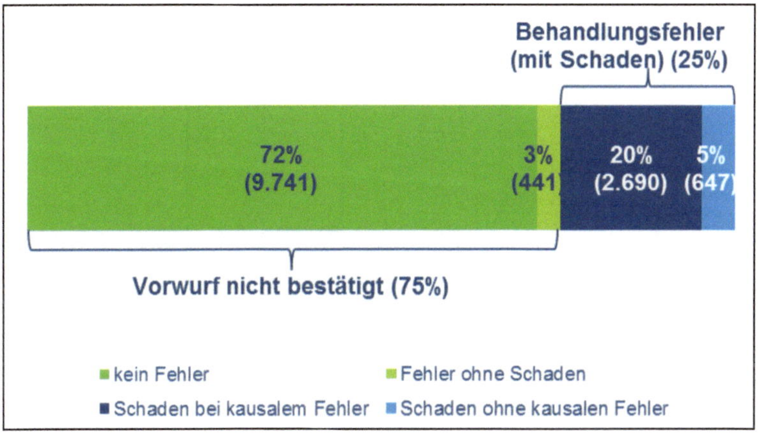

Abbildung 10: Ergebnisse 2017 zur Schadenskausalität in Prozenten

heit lohnt es sich jedoch genauso, Fehler zu untersuchen, die (noch bzw. im vorliegenden Falle) nicht zu einem Schaden geführt haben.

Die überwiegende Zahl der Fehlervorwürfe richtet sich gegen stationäre Behandlungen, wobei die Bestätigungsquote für beide Versorgungssektoren bei 25% liegt (s. Abb.11).

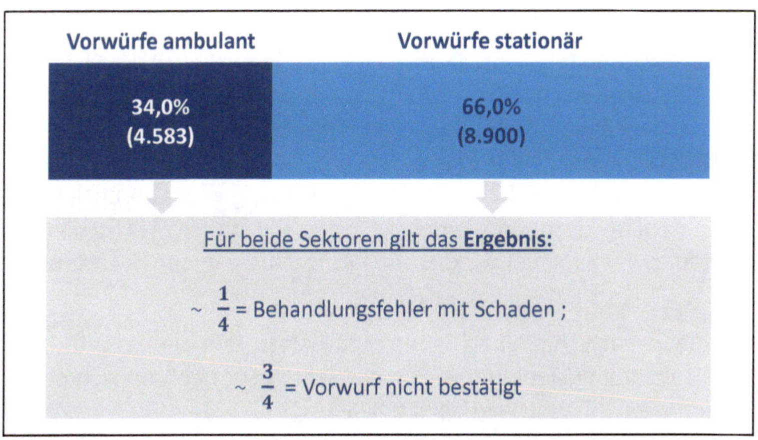

Abbildung 11: Gegenüberstellung ambulanter/stationärer Sektor 2017

Nr.	Fachgebiet	Fälle	Festgestellte Fehler	Quote
1	Orthopädie und Unfallchirurgie	4.250	1.115	26 %
2	Frauenheilkunde und Geburtshilfe	1.041	281	27 %
3	Zahnmedizin	993	356	36 %
4	Innere Medizin (ohne Schwerpunkt)	765	153	20 %
5	Pflege	663	330	50 %
6	Viszeralchirurgie	613	159	26 %
7	Allgemeinchirurgie	590	144	24 %
8	Neurochirurgie	531	132	25 %
9	Augenheilkunde	410	102	25 %
10	Urologie	398	106	27 %

Abbildung 12: Die 10 Fachgebiete mit den häufigsten Fehlervorwürfen 2017

Aus Abbildung 12 ergibt sich, welche medizinischen Fachgebiete am häufigsten einem Fehlervorwurf ausgesetzt sind. Es lässt sich jedoch leicht erkennen, dass die Vorwurfshäufigkeit keineswegs einher geht mit der Quote an bestätigten Fehlern. Auch wäre es fatal, aus der Quote Schlüsse auf die Qualität der Versorgung in einzelnen Fächern zu ziehen. Ganz neutral gesehen ist sie lediglich Ausdruck der Treffsicherheit des jeweiligen Vorwurfs.

Zum Abschluss folgen noch zwei Abbildungen (Abb. 13 und 14), die die Analysemöglichkeiten der vorhandenen Datenbank sichtbar machen sollen. Durch die Eingabe von Parametern des Verantwortungsbereichs oder der Fehlerart lassen sich ganz einfach Schwerpunkte für jeden eingepflegten Bereich ermitteln, so dass gezielt Lehren aus häufigen Fehlern gezogen werden können. Von dieser praktischen Anwendung versprechen wir uns viele Aufschlüsse in den nächsten Jahren.

Ob die von verschiedenen Seiten geforderten zentralen, verpflichtenden Behandlungsfehlerregister mehr leisten können und sich durchsetzen werden, ist bislang noch unklar.

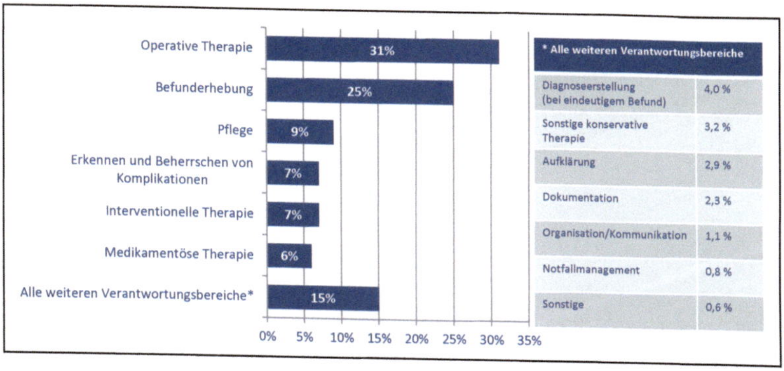

Abbildung 13: Prozentuale Verteilung der Fehler 2017 auf Verantwortungsbereiche

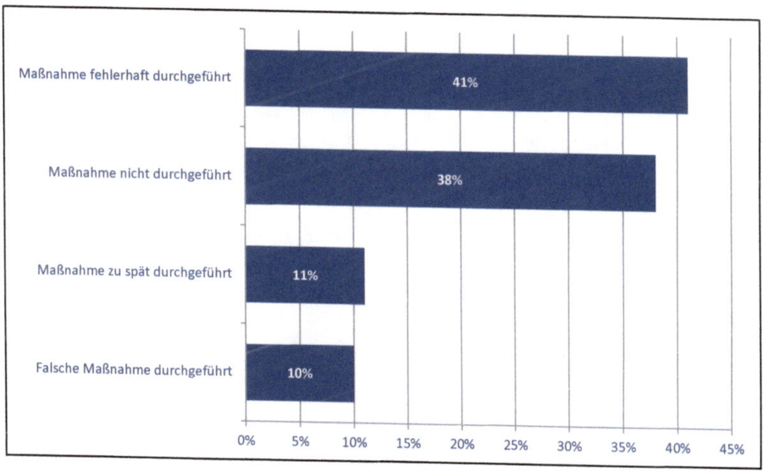

Abbildung 14: Prozentuale Häufigkeit der Fehlerarten 2017

Stichwortverzeichnis